Die Kühnheit, trotzdem ja zu sagen

Albert Zeyer

Die Kühnheit, trotzdem ja zu sagen

Warum der einzelne mehr Macht hat, als wir glauben

Scherz

Inhalt

Vorwort 9

Teil I · Der Schmetterlingseffekt

1 Chaotische Systeme 13

Ein Hoffnungsschimmer 13
Der Schmetterlingseffekt 14
Chaotische Systeme 18
Die Gesellschaft – ein chaotisches System 19

2 Liebt Gott das Leise? 23

Hilfsgüter nach Bosnien 23
Schmetterlingsbeispiele 25
Das Steinbrechgedicht 29
Er liebt es! 32
Alles nur Zufall? 35
Vom Schmetterlingsgefühl 38
Franz von Assisi 41

3 Die Macht des Nichtlinearen 45

Lineare Systeme 45
Nichtlineare Systeme 49
Das Prinzip der Iteration 52
Mißverständnisse 57
Der Mann mit den Bäumen 60

4 Die Macht des einzelnen 63

Schmetterling und Hierarchie 63
Der dritte Weg 65
Schmetterlingseffekt und die Männer 69
Schmetterlingseffekt und die Frauen 73
Ich-Stärke 77

Teil II · Schmetterling und Gesellschaft

Einleitung 81

5 Wunder oder Schmetterling 83

Kurs auf den Eisberg 83
Kurswechsel 86
Rosa Parks 88
Aktuelle Beispiele 90

6 Das Prinzip der Selbstorganisation 93

Warum gerade Rosa Parks? 93
Schwester des Chaos 94
Schnellkurs in Selbstorganisation 96
Kostbare Ordnung 98
Chaos und Selbstorganisation sind Verwandte 99
Rosa Parks physikalisch 101

7 Selbstorganisation im Spiegel der Gesellschaft 105

Boykott und bürgerlicher Ungehorsam 105
Greenpeace 108
NGOs 111
Beispiele von NGOs 113
Wo bleibt der Schmetterling? 115
Schmetterling im Kopf 117
Wie wir uns am Wunder beteiligen 118

8 Der Tod der Großen Männer 121

Lichter auf den Wellen 121
Der Tod der Großen Männer 123
Keine Großen Männer mehr – ein Verlust? 128

9 Der einzelne 133

Die Verantwortung des einzelnen 133
Selbstausbürgerung bei Jugendlichen 134
Selbstausbürgerung als gesellschaftliches Phänomen . . . 140
Die Frage nach dem richtigen Weg 142

Teil III · Schmetterlingsethik

10 Gut und Böse 147

    Kleine und große Schuftigkeiten 147
    Vom Rollen der Glasmurmeln 150

11 Die Physik der Lebenskraft 155

    Das Barrier-Riff 155
    Selbstorganisation und Lebenskraft 158

12 Ehrfurcht vor dem Leben 162

    Das Gewebe des Lebens 162
    Albert Schweitzer 164
    Gaia 166

13 Chaosethik 171

    Ehrfurcht vor dem Leben in mir und außer mir 171
    Salutogenese und Pathogenese 175
    Ein Stockwerk höher 178

Epilog 183

Anhang 185

Weiterführende Literatur 210

Anmerkungen 212

Register 220

Quellennachweis und Abbildungsverzeichnis 224

Vorwort

Die meisten Grundideen der Wissenschaft
sind an sich einfach und lassen sich in der
Regel in einer für jedermann verständlichen
Sprache wiedergeben. (A. Einstein)[1]

Im vorliegenden Buch geht es um den sogenannten Schmetterlingseffekt und seine Bedeutung für die menschliche Gesellschaft. Es gibt ab und zu Sternstunden der Wissenschaft, in denen kraftvolle und poetische Bilder auftauchen, die eine fast magische Suggestion entfalten. Sie geben uns das Gefühl, für einen Moment einen tiefen Einblick in den Aufbau der Welt zu erhalten. So ist es auch mit dem Schmetterlingseffekt. Er hat mich auf Anhieb fasziniert und seither mein Denken sehr beeinflußt. Aus diesem Erlebnis heraus entstand das vorliegende Buch.

Der Schmetterlingseffekt ist ursprünglich ein physikalisches Prinzip. Ich habe versucht, die zum Verständnis notwendigen physikalischen Grundlagen von Chaos und Selbstorganisation schrittweise zu entwickeln und locker in die Kapitel einzuflechten. So ergibt sich das entsprechende Wissen nach und nach. Dieser zwanglose, aber sorgfältige Aufbau gefällt mir persönlich sehr. Wer dann trotzdem das Bedürfnis hat, die physikalische Thematik noch einmal konzentriert und zusammenhängend auf abstrakterer Ebene zu betrachten, sei auf den Anhang verwiesen. Ich denke, daß dieser noch einige zusätzliche Rosinen für naturwissenschaftlich interessierte Leser enthält. Die Lektüre des Anhangs ist aber keine Voraussetzung für das Verständnis des Buches.

Die meisten Dinge kann man sehr kompliziert darstellen, und nicht selten erntet man sogar Bewunderung, wenn man so spricht, daß einen niemand versteht. Aber das ist nicht immer ein Merkmal von Qualität. Das Zitat von Einstein spricht da eine deutliche Sprache. Die große Kunst besteht also darin, verständlich zu formulieren, ohne indes unzulässig zu vereinfachen. Erst dann entfalten Bilder wie das vom Schmetterlingseffekt ihre kreative Macht, unser Verständnis der Welt zu verändern.

Der Schmetterlingseffekt selber kann aber noch mehr. Ehe man sich's versieht, hat er uns eine leise, aber ungemein belebende Hoffnung gebracht. Natürlich zaubert er nicht einfach alle Probleme weg, die uns heute belasten. Aber unmerklich regt sich der Widerstand gegen die Resignation. Vorsichtig blitzt unverschämter Optimismus auf. Die Kühnheit, trotzdem ja zu sagen, macht sich da und dort bemerkbar.

Wer kennt sie nicht, die Gespräche über Themen wie Umweltschutz, das Ozonloch oder den zerbrechlichen Frieden auf dieser Welt. «Man sollte etwas tun», sagt dann vielleicht der eine. «Du kannst nichts tun», sagt dann unvermeidlich ein anderer, «wie denn auch? Der einzelne hat doch gar keine Chance.»

Bei solchen Gelegenheiten erzähle ich nun vom Schmetterlingseffekt. Für einen Moment fühle ich mich dann wohl wie ein orientalischer Märchenerzähler, der geheimnisvoll seine Stimme senkt und fragt: «Kennt ihr die Geschichte vom Schmetterling, der die Welt verändert?»

Aber der Schmetterlingseffekt ist kein Märchen! Er ist die pure Naturwissenschaft! Er sagt, daß der einzelne mehr Macht hat, als wir denken. Ich kenne niemanden, der sich seiner hoffnungsvollen Botschaft entziehen konnte.

ERSTER TEIL

Der Schmetterlingseffekt

1 Chaotische Systeme

Ein Hoffnungsschimmer

Es wäre ein leichtes, ein Buch zu beginnen, indem man einmal mehr minutiös beschreibt, wie und warum die Welt vor die Hunde geht. Aber ist es nicht so, daß wir gerade das nicht mehr hören können und wollen? Nach dreißig Minuten Nachrichten ist das Maß dessen, was wir an Aggression, Enttäuschung und Grausamkeit auf einmal vertragen, reichlich überschritten.

In der Zeit, als ich dieses Buch zu schreiben begann, war gerade der erste der Atomtestversuche durchgeführt worden, die Frankreich damals angekündigt hatte[2]. Man durfte sich im Fernsehen traumhafte Flugbilder des kreisrunden Mururoa-Atolls im türkisblauen Wasser des Südpazifiks betrachten. Dann schien die glatte Oberfläche des Meeres gleichsam zu frösteln, die Druckwelle der Explosion ließ Gischt aufspritzen und machte jedem, der sich einen Rest von Naivität bewahrt und auf eine wundersame Wirkung der weltweiten Protestaktionen gehofft hatte, zynisch und handgreiflich klar: Auch diese Träume sind Schäume.

Braucht es da noch den Blick ins Kontrollzentrum der Testversuche, wo uniformierte Herren scheinbar konzentriert und verantwortungsvoll, in Wirklichkeit aber mit schlecht verhülltem Triumph und bübischem Stolz den Knopfdruck erwarten? Nein, es braucht ihn nicht! Und auch die Konferenz in Paris, auf der ein dezent gekleideter Minister von Sicherheit und Friede spricht, bietet uns nichts Neues. Wir wissen, was läuft, und wir wissen, wer das Sagen hat.

Aber: Wissen wir das wirklich? Der Preis für dieses vermeintliche Wissen jedenfalls ist hoch. Es untergräbt unseren Optimismus und lähmt unsere Bereitschaft, sich für etwas einzusetzen. Resignation heißt der graue Schleier, der sich dann über uns legt und der letztlich nur noch zwei Optionen offenläßt: den Rückzug in die Depression oder die Flucht in den Hedonismus.

Es lohnt sich also, nochmals innezuhalten und sich umzusehen. Und tatsächlich, da sehen wir doch einen Farbpunkt inmitten der grauen Welt. Und er bewegt sich, er schlägt mit den Flügeln: ein Schmetterling! Ein Schmetterling, rufen wir verwundert. Was hast denn du hier zu suchen, du pures Gegenteil der Wirklichkeit, du schwereloses Symbol der Heiterkeit. Fast möchten wir meinen, du seist am falschen Ort!

Der Schmetterlingseffekt

1960 benutzte Edward Lorenz, Meteorologe am Massachusetts Institute of Technology, seinen Computer, um einige [. . .] Gleichungen zu lösen, die die Erdatmosphäre modellieren sollten. Als er die Details einer Wettervorhersage nachprüfen wollte, gab er noch einmal die gleichen Daten für Temperatur, Luftdruck und Windrichtung ein wie zuvor, rundete dabei aber die Ziffern auf drei Dezimalstellen ab anstatt wie zuvor auf sechs. Nun ließ er den Computer an der Gleichung kauen und ging inzwischen auf eine Tasse Kaffee hinaus. Als er zurückkehrte, traf ihn der Schock. Das neue Ergebnis, das er auf seinem Bildschirm sah, lag nicht etwa nahe bei seiner früheren Vorhersage. Es war völlig davon verschieden. [. . .] Er stand vor den Bildern zweier ganz verschiedener Wettersysteme. Später erzählte Lorenz der Zeitschrift Discover: «In diesem Augenblick realisierte ich: Wenn eine wirkliche Atmosphäre sich so benimmt (wie dieses mathematische Modell, Anm. d. A.), so muß jede langfristige Wettervorhersage unmöglich sein.»[3]

Man sagt, das Genie eines Forschers bestehe nicht darin, auf außergewöhnliche Dinge zu stoßen, sondern sie zu bemerken. Der Computer von Lorenz hatte nach der Rundung der eingegebenen Ziffern von sechs auf drei Dezimalen hinter dem Komma eine völlig andere Prognose ausgerechnet. Lorenz hätte diese als Fehlschlag abtun können, als sinnlosen Zufall. Er hätte sich sogar von seinem Modell abwenden können, es als unbrauchbar oder zumindest unzuverlässig qualifizieren können. Jede dieser Reaktionen wäre höchst verständlich gewesen. Ein mathematisches Modell ist nichts weniger als unfehlbar. Im Fall von Lorenz handelte es sich um ein paar ziemlich einfache mathematische Gleichungen, eine primitive Annäherung an das komplizierte Wechselspiel in der Atmosphäre zwischen Größen wie Temperatur und Windgeschwindigkeit.[4] Damit programmierte er seinen Computer. Ausgehend von jeweils eingegebenen Startwerten, sollte dieser dann Schritt für Schritt das Verhalten der Atmosphäre berechnen.

Die Idee war vielversprechend. Die Wettervorhersage ließe sich damit natürlich enorm verbessern. Man müßte nur die Daten einer bestehenden Wettersituation in den Computer einspeisen, und dieser würde dann ganz von alleine die Wetterprognosen für einige Tage oder auch Wochen vorausberechnen.

Und nun stelle man sich vor, was geschah. In den sechziger Jahren waren Computer ein summendes Gewirr von Elektronenröhren und Drähten. Wenn Lorenz seinen Computer programmiert hatte, spuckte dieser die Wetterentwicklung im Minutentakt aus. Eines Tages wollte Lorenz also die unangenehm lange Rechenzeit verkürzen, indem er die Zwischenergebnisse eines früheren Ausdrucks erneut eingab und das Programm wieder startete. Aus Bequemlichkeit rundete er aber die eingegebenen Daten um drei Stellen hinter dem Komma ab. An Stelle einer Temperatur von, sagen wir, 25,352162 Grad Celsius hätte er also beispielsweise 25,352 Grad Celsius eingetippt. Eine Nach-

15

lässigkeit, die er sich, würde man meinen, nun wirklich gestatten durfte. Ein Fieberthermometer zum Beispiel mißt überhaupt nur die allererste Stelle hinter dem Komma, also hundertmal ungenauer! Zunächst stimmten die Berechnungen mit den vorhergehenden überein. Doch schon bald war jede Ähnlichkeit verschwunden: Das Modellwetter war völlig umgeschlagen. Die neue Wettervorhersage war vollständig anders! Wer hätte bei einer solchen Monstrosität nicht an seinem Modell gezweifelt!

Natürlich tat dies Lorenz auch. Gleichzeitig machte er aber auch den umgekehrten Gedankengang. Wenn sein mathematisches Modell tatsächlich stimmen sollte, so überlegte er, dann wäre er auf einen ganz essentiellen, neuartigen Wesenszug des Wetters gestoßen. Kleinste Veränderungen, unvorstellbar kleine Abweichungen der Wettergrößen, zum Beispiel der Temperatur, könnten dann zu unkalkulierbar großen Veränderungen der Wetterentwicklung führen. Eine Wettervorhersage würde damit tatsächlich zumindest außerordentlich erschwert.

Heute weiß man, daß sich die Atmosphäre wirklich «so benimmt», wie es Lorenz salopp formulierte. Obwohl heute das Wetter mit Supercomputern berechnet wird, die weit mehr als eine Million arithmetischer Berechnungen pro Sekunde durchführen können, stimmen die Prognosen im allgemeinen kaum länger als für die nächsten vier Tage einigermaßen genau. Und auch das nur, falls «nichts Unerwartetes» passiert. Daran wird sich wohl auch in Zukunft nichts ändern, selbst wenn die Weiterentwicklung von Computern alle unsere Vorstellungen übertreffen würde. Die Atmosphäre ist das erste Beispiel dafür, was man ein «chaotisches System» nennt.

Obwohl dieser Begriff heute allgemein bekannt und verbreitet ist, finde ich ihn unglücklich gewählt. Man sollte niemals alltägliche Begriffe in die Wissenschaft übernehmen und dort mit einer anderen Bedeutung versehen, obwohl dies heute allgemein so gehandhabt wird.

Unter Chaos verstehen wir im allgemeinen ein heilloses Durcheinander, eine unentwirrbare, gesetzlose Unordnung. Aber gerade die Atmosphäre zum Beispiel ist keineswegs so. Sie ist im Gegenteil ein feines Gewebe verschiedener Faktoren, die sogar alle durch relativ einfache Naturgesetze in ihrem Verhalten vollständig bestimmt sind. Insofern widerspricht die Atmosphäre unserer intuitiven Vorstellung von Chaos ganz und gar.

Der Begriff des Chaos, eingeführt von Jim Yorke, einem Mathematiker an der Universität von Maryland, bezieht sich hier vielmehr auf das Verhalten des Systems als Ganzes. Sein Verhalten wird als chaotisch bezeichnet, weil es aufgrund seiner empfindlichen Abhängigkeit von den Ausgangsbedingungen völlig unvorhersagbar ist. Prognosen sind wertlos, das System verhält sich chaotisch. Oft spricht man in diesem Zusammenhang auch von «deterministischem Chaos», weil diese Unvorhersagbarkeit in einem System entsteht, welches an sich durch die Gesetze der Physik in seinem Verhalten völlig determiniert ist. Das ist dann eine deutlichere Unterscheidung zum alltäglichen Chaosbegriff.

Die Entdeckung von Lorenz war so erstaunlich, daß sie sich zu einer Redensart, zu einem Bild verdichtet hat, das um die Welt gegangen ist. Wenn ein Schmetterling in Hongkong mit den Flügeln schlägt, so kann er in New York ein Gewitter auslösen.[5]

Was für ein zauberhaftes und wundervoll leichtfüßiges Bild! In der Tat enthält es im Kern die wesentliche Aussage über chaotische Systeme: Eine winzige Veränderung der Ausgangssituation, das bloße Abrunden der Temperatur an der sechsten Stelle hinter dem Komma, verursacht eine völlig unvorhersehbare Veränderung des Systems, hier einen Wetterumsturz, eine völlig veränderte Klimasituation. Man nennt dies den Schmetterlingseffekt.

Chaotische Systeme

Wetter und Klimadynamik sind heute «klassische» Gebiete der Chaosforschung. Es geht dabei nicht nur um die Wettervorhersage, sondern auch um Fragen wie den Treibhauseffekt und die Beeinflussung von Klimakatastrophen. Chaotische Systeme sind aber auch außerhalb des Fachs der Meteorologie weit verbreitet. Sie werden uns in diesem Buch immer wieder beschäftigen.

Sogar ganz alltägliche Dinge wie ein Billardtisch mit zwei Billardkugeln können ein chaotisches System darstellen. Dabei gehört die Berechnung der Bahn einer einzelnen Billardkugel zu jenen Physikaufgaben, die jeder Gymnasiast zu lösen lernt. Man muß dazu nur die Gesetzmäßigkeit der Reflexion an der Bande kennen, wonach der Einfallswinkel der Kugelbahn gleich ihrem Ausfallswinkel ist.

Mit zwei Kugeln aber ändert sich die Situation dramatisch. Kleinste Veränderungen können hier zu völlig unterschiedlichen Kugelbahnen führen. In der Tat hat man herausgefunden, daß die Berechnung einer solchen Bahn im Falle eines Billardtisches mit mehreren Kugeln zu völlig falschen Resultaten führt, wenn man dabei nur die Anziehungskraft eines einzelnen Elektrons am Rande der Milchstraße vernachlässigt![6] Auch dieses etwas absurde Bild veranschaulicht uns drastisch die Besonderheit chaotischer Systeme, die dem «gesunden Menschenverstand» zunächst so sehr zuwiderläuft.

Es ist also überhaupt nicht erstaunlich, daß Billardkugeln zuweilen so zu rollen scheinen, wie es ihnen gerade paßt. Viel erstaunlicher ist es, daß es überhaupt Spieler gibt, die mit einiger Sicherheit dorthin zu treffen vermögen, wo sie es beabsichtigten! Ganz offenbar ist ihre Intuition und Geschicklichkeit stärker als jede Berechnung. Eine Berechnung des Stoßwinkels und des Impulses des Schlagstockes wäre nämlich völlig unmöglich, denn jede noch so kleine Veränderung im Spiel aller Berechnungsfaktoren würde, wie gesagt, eine völlig andersartige Bahn erzeugen.

Chaos im Sinne der Physik findet sich überall. Der von einem Feuer aufsteigende Rauch, der Rhythmus der ans Ufer plätschernden Wellen, die Form der Kupferablagerungen bei einem galvanischen Experiment im Elektrolytbad, das Rauschen eines Radioempfängers, die Strömung an der Kante eines Flugzeugflügels, die Bahn von Felsbrocken in den Saturnringen, die Form des zuckenden Blitzes am abendlichen Gewitterhimmel, alle diese Systeme und unzählige andere sind von chaotischem Verhalten geprägt. Kleinste Variationen der Ausgangsbedingungen führen zu völlig anderen Resultaten, obwohl das Verhalten des Systems durch Naturgesetze vollständig determiniert ist. Besonders reichhaltig an Beispielen ist die belebte Natur. Ob es nun die kunstvollen Muster auf der Schale von Meerschnecken sind oder der Rhythmus, in dem unser eigenes Herz pocht, ob es um das Auf und Ab von Epidemien und Insektenplagen oder um das Ausschüttungsmuster von körpereigenen Hormonen geht, ob Fischbestände auf die Verschmutzung des Wassers reagieren oder ob Eiweiße in den Ribosomen der Zellen produziert werden, immer, so zeigt eine genaue Analyse, ist physikalisches Chaos im Spiel. Das Fell des Panthers und die Streifen des Zebras, die Muster der Sanddünen und die Hieroglyphen des Elektroenzephalogramms (Aufzeichnung der Hirnströme), die Fundgrube der Beispiele ist wahrhaftig unerschöpflich.

Die Gesellschaft – ein chaotisches System

Die Gesetzmäßigkeiten der Unvorhersagbarkeit gelten in noch viel größerem Maße für komplexe Systeme wie die Wirtschaft oder politische Systeme. Wir müssen uns damit abfinden, daß wir in derartigen Systemen – wie auch bei der Wettervorhersage – die Entwicklung nicht auf längere Zeit vorhersagen können.[7]

Dieser Satz stammt von dem bekannten Physiker Hermann Haken, einem der Väter der Lasertheorie und Begründer

der neuen Forschungsdisziplin der Synergetik, einer engen Verwandten der Chaostheorie.

Es ist heute allgemein anerkannt, daß die menschliche Gesellschaft ein chaotisches System ist und daß gesellschaftliche Ereignisse vom Wettrüsten über die Börsenkurse bis zu Revolutionen durch chaotische Gesetzmäßigkeiten bestimmt sind. So wie das Wetter durch kleinste Veränderungen der Umstände, durch minimale Temperatur- oder Luftdruckveränderungen zum Beispiel, einen völlig andersartigen Verlauf nehmen kann, so wie der Billardball durch die Schwerkraft eines einzigen Elektrons aus der Milchstraße ans entgegengesetzte Ende des Billardtisches rollt, so können kleinste gesellschaftliche Veränderungen unvorhersagbar große Auswirkungen haben. Als chaotisches System wird die menschliche Gesellschaft (oder besser: werden die menschlichen Gesellschaften und ihre Teile) unvorhersagbar.

Der fatalistische Ton des Zitats am Anfang dieses Abschnittes, daß man sich damit abfinden müsse, daß Systeme wie das Wetter oder eine menschliche Gesellschaft prinzipiell unvorhersagbar sind, erklärt sich wohl durch die grundsätzliche Schwierigkeit, in welche die Naturwissenschaftler geraten, wenn sie sich auf chaotische Systeme einlassen. Verständnis im naturwissenschaftlichen Sinn ist sehr eng mit Berechenbarkeit und Vorhersagbarkeit verknüpft. Die meisten Anwendungen von naturwissenschaftlichen Entdeckungen, zum Beispiel in Technik und Medizin, beruhen darauf, daß das Verhalten eines «verstandenen» Systems vorausgesagt und in berechenbarer Art und Weise beeinflußt werden kann. Ein großer Teil des Ansehens und der Macht der Naturwissenschaften in unserer Kultur ergibt sich wohl aus dieser Verbindung von Verständnis und nachfolgender Beherrschung der uns umgebenden Umwelt, und auch die Naturwissenschaft selber schöpft daraus viel von ihrem Selbstverständnis und von ihrem Selbstbewußtsein. Schon im 18. Jahrhundert behauptete der große Mathematiker und Physiker Pierre

Laplace, daß jemand, der die Orte und Geschwindigkeiten aller Teilchen im Universum zu einem gewissen Zeitpunkt kennen würde, für alle Zeiten die Zukunft vorhersagen könnte. Dieser allwissende «Laplacesche Dämon», wie er genannt wird, beunruhigte ganze Generationen von Denkern und verkörpert das Allmachtsgefühl der klassischen Naturwissenschaft.

Die Quantenmechanik in der ersten Hälfte dieses Jahrhunderts setzte bereits ein Fragezeichen hinter die Behauptung von Laplace. Bei chaotischen Systemen stimmt sie ganz einfach nicht. Ihre Zukunft läßt sich nicht vorhersagen. Wir werden uns genau mit diesem Aspekt noch intensiv auseinandersetzen.

Im Augenblick ist es aber vor allem wichtig, darauf hinzuweisen, daß der Zusammenbruch der Behauptung von Laplace nicht nur bedauerlich ist. Natürlich verliert der Naturwissenschaftler bei chaotischen Systemen seine Macht und seinen Einfluß. Er ist nicht mehr der omnipotente Prognostiker und Experimentator, der Sicherheit und Schutz vor Unvorhersagbarem versprechen kann. Da außerdem die meisten natürlichen Systeme inklusive der menschlichen Gesellschaft solche chaotischen Systeme sind, ist dieser Verlust sehr bedeutend.

Auf der andern Seite bringt aber die Behauptung von Laplace auch einen unglaublichen Fatalismus mit sich. In der Tat, wenn die Bewegung jedes einzelnen Teilchens des Universums bis in alle Zeiten festgelegt ist, so ist damit auch die Zukunft bis in alle Zeiten festgelegt. So etwas wie freien Willen gibt es dann nicht mehr. Es kommt alles genau so, wie es kommen muß. Das Schicksal nimmt unerbittlich nach Maßgabe der physikalischen Gesetze seinen Lauf.

Die Chaostheorie durchbricht diese schreckliche Starre.[8] Nicht nur entzieht sie die Zukunft des Systems der mathematischen Berechnung, sie macht sie sogar vom Verhalten der einzelnen Bausteine abhängig, und zwar auch der kleinsten Bausteine, mögen sie noch so unbedeutend sein.

Für das System des Wetters wird diese Tatsache durch das Bild des Schmetterlingseffektes symbolisiert. Der Flügelschlag eines Schmetterlings kann an einem ganz andern Ort einen Wetterumsturz bewirken. Im System der Gesellschaft nimmt der einzelne, das Individuum, sinngemäß die Stelle des Schmetterlings ein. Der einzelne erhält nicht nur das Geschenk des freien Willens zurück. Mehr noch, wenn er von ihm Gebrauch macht, so wirkt sich dies nicht nur auf ihn selber aus, sondern auf das gesamte System. Diese Wirkung kann unter Umständen ganz dramatisch sein.

Es ist interessant, daß sich Ansätze zu solchen Überlegungen in verschiedensten Publikationen finden, die sich mit der Chaostheorie und ihren Konsequenzen für das Verständnis gesellschaftlicher Prozesse auseinandersetzen. Immer aber erscheinen die entsprechenden Bemerkungen als Nebensätze, und nie werden die Hoffnung und der Optimismus bemerkt, welche darin im Keim enthalten sind. Dabei steckt eine ganz unglaubliche Kraft in dieser neuen Erkenntnis, ein völlig neues Verständnis gesellschaftlicher Prozesse und eine erstaunliche Neubewertung, was die Rolle des einzelnen darin betrifft. Genau damit beschäftigt sich dieses Buch.

2 Liebt Gott das Leise?

Hilfsgüter nach Bosnien

Bereits zehnmal hat der 42jährige T. F. aus S. innerhalb der letzten drei Jahre mit einem Lastwagen Hilfsgüter nach Maoca unweit der Front in Bosnien geliefert. [...]
Der Allrounder in einer kleinen Spielzeug-Importfirma begann mit der Organisation von Hilfstransporten, nachdem er in der Zeitung von einem in M. lebenden Bosnier gelesen hatte, der Hilfsgüter für sein Heimatdorf organisierte. Einmal fuhr er mit diesem mit, danach begann er die Transporte selber durchzuführen. [...]
In Maoca wohnt er jeweils bei einer Familie; ein Hotel gibt es dort keines. Vor kurzem sind den Dörfern weitere 2000 Flüchtlinge aus Srebrenica zugeteilt worden. «Diese erhalten als Überlebensnahrung Suppe», weiß F. Deshalb will er im nächsten Transport nebst Medikamenten, Hygiene-Artikeln und Lebensmitteln auch Suppenteller und -löffel mitbringen.
Auf die Frage, warum er diese nicht ungefährlichen Transporte organisiert – während seiner Ferien notabene –, hat T. F. keine Antwort parat. «Das ist die schwierigste Frage, genau kann ich das nicht sagen», so der 42jährige. «Vielleicht, weil ich sehe, was ich als Einzelperson bewirken kann.»9

Menschliche Gesellschaften sind chaotische Systeme. Der Flügelschlag eines Schmetterlings kann also im übertragenen Sinn auch auf das System der menschlichen Gesellschaft einen ganz unerwarteten, beliebig großen Einfluß haben.

Wenn ich also wieder einmal das Gefühl habe, ganz ohnmächtig im großen Welttheater mitzuschwimmen, ohne irgendeinen zählbaren Einfluß auf seine Entwicklung,

23

dann schlage ich in Gedanken mit den Flügeln des Schmetterlings und denke: Wer weiß, vielleicht gibt's ja irgendwo auf der Welt ein Gewitter...

Für mich hat dieser Gedanke etwas Tröstliches und Optimistisches. Zuweilen ist es sogar der einzige Gedanke, der mich davon abhält, zu resignieren und die Dinge ihrem Lauf zu überlassen. Wer weiß, vielleicht nützt der Flügelschlag irgendwo, ohne daß ich es jemals wissen werde, viel mehr, als ich es ahne. Selten sehe ich ein handgreifliches Resultat meiner Bemühungen, was aber, und das ist gerade das Entscheidende, nicht etwa heißt, daß es nie ein solches gäbe. Genau in diesem scheinbaren Widerspruch stecken das Geheimnis und die Essenz chaotischer Systeme. Wir werden diesen Gedanken noch genauer verfolgen.

Wie aber sollte man sich einen derartigen «gesellschaftlichen» Schmetterlingsflügelschlag vorstellen? Das Wesentliche ist es gerade, daß er beliebig klein sein kann. Eigentlich, so könnte man fast sagen, ist wahrhaftig schon ein positiver Gedanke ein Schmetterlingsschlag, der ungeahnte Auswirkungen auf das System haben kann. Jeder nach seinen Kräften, heißt es hier wirklich.

Kein noch so kleiner Beitrag ist unwichtig. Zunächst geht es nur darum, in den vielen kleinen Dingen des Alltags kein Sargnagel dieser Welt zu sein, statt zu ihrem Niedergang zu ihrem Aufblühen beizutragen. Schmetterlingsflügelschläge sind leise, daher ist es eines ihrer Merkmale, daß sie selten in der Zeitung stehen. In diesem Sinne ist das eingangs zitierte Beispiel von T. F., der mit dem Lastwagen Hilfsgüter nach Bosnien fährt, vielleicht gar nicht so typisch. Wenn ich ihn dann aber auf dem Foto abgebildet sehe, mit seinem roten T-Shirt und den blauen Jeans, dem Bart und der Stirnglatze, wie er etwas linkisch vor dem Lastwagen steht, dann denke ich mir: doch, das ist ein gutes Beispiel für einen Schmetterling.

«Vielleicht, weil ich sehe, was ich als Einzelperson bewirken kann», meint er selber, und man kann sich so richtig vorstellen, wie er sich verlegen in seinem etwas wirren Haarkranz kratzt. Was könnte besser die Idee des Schmetterlingseffektes verdeutlichen als diese Antwort! Gerade daß sie so zögernd kommt, etwas unschlüssig, nicht mit Trompeten und Fanfaren und dem Tremor der heiligen Überzeugung und der unheiligen Selbstgerechtigkeit in der Stimme, genau das läßt sie überzeugend wirken.

Es gibt sehr viele solche Beispiele, und ich werde ihnen einen ganzen Abschnitt widmen. Trotzdem werde ich nur einige wenige, willkürlich ausgewählte aufzählen können. Während ich dieses Buch schrieb, war meine Aufmerksamkeit diesbezüglich natürlich besonders groß, und meine Sinne zur Wahrnehmung von «gesellschaftlichen Schmetterlingen» besonders geschärft. Da stellte ich fest, daß es solche an allen Ecken und Enden gibt. Das war insgesamt ein gutes und optimistisches Erlebnis. Überall gibt es Menschen, die sich in irgendeiner Form bemühen, etwas in Gang zu bringen, zu helfen, zu unterstützen, Leid zu vermindern, die Welt ein bißchen besser und ein bißchen schöner zu machen. Ihnen allen ist gemeinsam, daß sie keine Macht im herkömmlichen Sinn haben. Ihnen gehören selten die Schlagzeilen, sie haben keine Möglichkeiten zu spektakulären Eingriffen und durchschlagenden Erfolgen. Trotzdem machen sie weiter. An ihrem Ort, in ihrem Wirkungskreis versuchen sie etwas von dem zu verwirklichen, was ihnen wichtig ist.

Schmetterlingsbeispiele

In diesem Abschnitt möchte ich also einige Beispiele von Schmetterlingen im übertragenen, gesellschaftlichen Sinn aufzählen. Es gibt, wie gesagt, viele von ihnen. Man muß sie nur wahrnehmen. Es sind keine Heiligen, keine speziellen Idealisten. Sie sind ganz gewöhnlich, Leute wie du und ich. Sie tun einfach irgendwo irgend etwas. Darum muß ich auch gar nicht lange darüber nachdenken, welche Beispiele ich auswähle. Es können geradesogut die einen wie die andern sein.

Ich denke etwa an einen Fernsehbeitrag, den ich kürzlich sah. Da gibt es Leute, die ihr Geld in einer Bank anlegen, die grundsätzlich nur ökologisch und sozial vertretbare Projekte finanziert, und die dafür ein Prozent weniger Zins kassieren. Die Bank selber weist dafür nur eine Bilanzsumme von einigen hundert Millionen auf und einen Reingewinn von knapp 50 000 Franken. Kunde dieser Bank ist zum Beispiel ein junger Typ, der den sogenannten «Veloblitz» buchstäblich auf die Beine stellte, einen Kurierdienst mit Fahrrädern, dem anfänglich niemand eine Chance gab und der doch immer noch prächtig funktioniert. Ein kunterbuntes Häuflein von ganz unterschiedlichen jungen Leuten fährt mit strammen Waden und neonfarbenen Fahrrädern durch die Straßenschluchten der Städte.

Ein anderes Beispiel: eine junge Tänzerin, die mit fünfzig Mädchen jeden Alters ein Musical aufführt. Die Geschichte: Ein Mädchen geht auf die Suche nach seinem Lebenstraum. Alle dürfen mittanzen, die kleinen Mädchen, die großen, die dicken und die dünnen, die begabten und die weniger begabten. Während Monaten wurde geprobt, erfunden, getanzt, gemalt, komponiert und geschneidert. Jugendarbeit, Frauen-Power und Poesie in einem. Aber auch jener Techno-Freak, der seit Jahrzehnten an seinem Solarmobil bastelt und jetzt im Rahmen der neuen Gesetzgebung in Kalifornien (welche bis 1998 verlangt, daß zwei Prozent aller verkauften Autos emissionsfrei sind) plötzlich Morgenluft wittert, ist für mich ein Schmetterling. Mag er es aus purem Vergnügen an der Technik machen, um so besser. Mag das Solarmobil letztlich an den umweltbelastenden, kiloschweren Batterien scheitern, um so schlimmer.

Wen soll ich denn noch erwähnen aus meiner Schmetterlingssammlung? Vielleicht etwas Exotisches? Eine junge Frau aus Bangladesh zum Beispiel, die eine Frauengruppe der sogenannten Landlosen gegründet hat, welche Frauen das Lesen und Schreiben beibringt und sie mit Krediten unterstützt, damit sie selbständiger werden. Sehr viele Frauen übernehmen in der Dritten Welt solche Rollen. Der Effekt ist still, aber gewaltig. Frauen besinnen sich auf ihre Rechte. Sie gehen mit Geldern der Entwicklungshilfe anders um als die Männer. Die Kinderzahl sinkt. Das Leben wird lebenswerter. Eine weibliche Zukunft meldet sich, leise, aber vielversprechend.

Ein ganz anderes Beispiel: der «Rhino-Man», ein einfacher Fabrikarbeiter aus Kenia, der mit Rucksack und Schlafmatte auf dem Rücken seit 1982 Fußmärsche in alle Kontinente unternimmt, um Menschen für den Schutz der Natur Afrikas zu gewinnen. Verrückt? Sinnlos? Wer weiß!

Oder, zurück zu weniger fernen Beispielen, jene drei Frauen, welche einen Mädchentreff gegründet haben, damit Mädchen endlich Raum zu ihrer Entfaltung bekommen. Nie haben diese Frauen aufgegeben, sie haben stets für ihr Projekt gekämpft und stets weitergearbeitet, gratis. Und die Mädchen kamen, die einen erst achtjährig, andere um zehn Jahre älter, Schweizerinnen und Ausländerinnen. Der Treff ist wichtig für sie. Mädchen brauchen einen Ort, wo sie ihre Fähigkeiten entdecken, entwickeln und positiv entfalten können, wo ein Klima herrscht, um über Probleme, auch über Sexualität, über sexuelle Gewalt reden zu können.[10]

Noch ein Beispiel: ein leitender Bankangestellter der sich 55jährig freiwillig aus dem Erwerbsleben zurückzieht und eine neue Aufgabe sucht, nach dem Motto: «Ich habe soviel Glück gehabt im Leben, daß ich etwas davon abgeben will», und beim Besuchsdienst des Roten Kreuzes fündig wurde. Er betreut einen kurdischen Flüchtling, der in türkischen Gefängnissen gefoltert wurde und als Folge davon unter Bewegungs- und Gleichgewichtsstörungen leidet. Einer von vielen unbemerkten Helfern in unserer Umgebung, die sich ohne Gegenleistung und ohne viel Aufhebens für andere Menschen einsetzen.[11]

So könnte das immer weitergehen. Nicht, daß ich mich

etwa anstrengen müßte dabei. Ich kann das locker hinstreuen, wie duftende Blüten aus einem unerschöpflichen Füllhorn. Ob diese Menschen mit ihren Bemühungen Erfolg haben? Das ist überhaupt nicht entscheidend! Der Schmetterlingseffekt sagt, daß sie Erfolg haben könnten! Das ist das Entscheidende. Und zwar viel mehr Erfolg, als sie es selber ahnen. Denn, um beim ursprünglichen Bild des Schmetterlingseffektes zu bleiben: Meist weiß der Schmetterling nichts von dem Gewitter, das er ausgelöst hat. Das System ist viel zu komplex, als daß er, selbst wenn er denken und analysieren könnte, einen Zusammenhang zwischen seinem Flügelschlag als Ursache und dem Gewitter als Wirkung herstellen könnte.

Es gibt hier also gar nichts zu beweisen. Es gibt keinen Testlauf, in dem sich ein Schmetterling zu bewähren hätte, bevor er sich so nennen darf, keinen Normenkatalog, dem er zuerst gerecht werden sollte, kein Verzeichnis, in dem die wahren und echten Schmetterlinge fein säuberlich aufgelistet wären. Es genügt, daß er flattert, damit er in meine Sammlung aufgenommen wird, daß er ein wenig hofft und glaubt, daß er etwas tun möchte und daß er eine Vorstellung von Gut und Böse hat. Ob ihm Erfolg beschieden ist – unwichtig. Ob es sinnvoll ist, was er macht – unwichtig. Völlig unwichtig, weil es sich gar nicht entscheiden läßt. Aber der Schmetterlingseffekt sagt, daß ein Erfolg möglich ist und daß es sich lohnt, etwas zu unternehmen.

Zum Abschluß ein letztes Beispiel: Unter der neuen Autobahnbrücke bei S., welche den Fluß überquert, wurde ein neuer Lebensraum für Tiere und Pflanzen eingerichtet. Unter Betonpfeilern und Verkehrslärm, Sinnbild für Umweltzerstörung und Lebensfeindlichkeit, wachsen Huflattich und Tausendgüldenkraut, jagen der Ameisenlöwe und die Libelle nach Nahrung, und die Äschen, der Aland und das Rotauge laichen wieder. Auftraggeber zur Gestaltung dieser Idylle ist, man höre und staune, nicht etwa ein exzentrischer Verein, sondern ganz prosaisch das Baudepartement von A. Landschaftsarchitekten, Geobotaniker und Biologen sind an der Ausführung beteiligt. Sorgfältig wird das jährliche Anwachsen der Artenvielfalt dokumentiert.[12] Ich bin sicher, daß es dort auch Schmetterlinge gibt.

Das Steinbrechgedicht

Niemand weiß
Wie der Steinbrech Steine bricht
Er tut es leise
Und auf seine Weise
Gott liebt das Leise (Waggerl)[13]

Dieses Gedicht stammt von Karl Heinrich Waggerl, einem österreichischen Autor, der niemals sehr bekannt war und heute fast schon wieder vergessen ist, vielleicht weil er selber ein Liebhaber der leisen Töne war. Sein vielleicht schönstes Werk besteht aus einer losen Sammlung von sorgfältig gemalten Blumenaquarellen. Zu jeder dieser Karten schrieb er ein Gedicht, welches ihm zur jeweiligen Pflanze passend schien.

Das hier zitierte Gedicht ist dem Steinbrech gewidmet. Der Steinbrech ist eine unscheinbare Pflanze, die man in den Alpen überall auf Granitblöcken und in Felsritzen findet, scheinbar auf dem nackten Stein wachsend und sich aus dem eigenen Wurzelgeflecht ernährend. Seine Blätter, klein, spitz zulaufend und fleischig, bilden dicht am Grund kauernde Rosetten wie kunstvoll geflochtene Kränze. Daraus wächst dann hie und da ein rosaroter Stengel, auch er fleischig geschuppt, empor und mündet in einer kleinen Blume, unscheinbar rosa auch sie, von weitem kaum bemerkbar, aus der Nähe aber ein wundervoller, vielzackiger Stern mit silberner Verzierung und kugeliger Fruchtanlage.

Wenn ich die Beispiele des vorangehenden Abschnittes überblicke, so mahnen sie mich sehr an das Steinbrechgedicht. Jeder dieser Menschen sitzt doch wie ein kleines Pflänzchen in der Ritze eines großen Steinbrockens. Wie

29

der Steinbrech sind sie unscheinbar und zunächst ganz zu übersehen. Erst wenn man sich zu ihnen niederbückt und sie genauer betrachtet, sieht man ihre Schönheit. Wie sie den Fels brechen? Ob sie dem Fels überhaupt gewachsen sind? Ist er nicht viel zu groß und viel zu hart? Man weiß es wirklich nicht zu sagen! Aber jeder von ihnen versucht auf seine Weise und in aller Stille mit der ihm gestellten Aufgabe fertigzuwerden.

Gott liebt den Steinbrech, Gott liebt das Leise, sagt Waggerl. Aber: Liebt er es wirklich? Wieviel vermögen diese Schmetterlinge der Gesellschaft, diese vielen stillen Steinbreche, effektiv zu bewirken? Sind sie nicht in Wirklichkeit völlig machtlos? Sind sie nicht idealistische, realitätsfremde Träumer, die den wahren Lauf der Dinge völlig verkennen? In der Woche, in der dieser Abschnitt geschrieben wurde, wurden folgende Ereignisse notiert.

Frankreich führt innerhalb eines Monats den zweiten Atomtest durch. Noch vor wenigen Wochen schaute die Welt halb skeptisch und halb hoffnungsvoll den Piraterien einer Protestflotte zu, die sich aus Schiffen aller Herren Länder formiert hatte, um sich auf wogender See dem Testgelände zu nähern und so die Zündung der Testbombe zu verhindern. Mit Befriedigung und einem gewissen Stolz wurde das Aufbegehren, das durch die Welt ging, zur Kenntnis genommen.

Diesmal fand die kurze Notiz zum Ereignis in der Tageszeitung nicht einmal mehr auf der Frontseite Platz. War man nicht selber geneigt, rasch wieder zur Tagesordnung überzugehen? Was sollte man sonst tun? Sich dem ohnmächtigen Zorn ausliefern, der hochkommt, wenn man sich seine Hilflosigkeit eingesteht? Wenn man sich eingesteht, daß die immer selben Machtpolitiker dieser Welt mit ihren immer gleichen Gesichtern und mit den immer gleichen Stirnglatzen unter den mit Pomade nach hinten gekämmten Haaren immer triumphieren, mag sich der Rest der Welt noch so sehr auf den Kopf stellen. Das Schweizer Parlament jedenfalls lehnt eine entsprechende Protestnote ab. Man will es mit den Franzosen jetzt nicht verderben. Bilaterale Verhandlungen über den Personenverkehr, die gerade laufen, könnten durch eine ungeschickte Prononcierung der Wahrheit gefährdet werden. Wer würde diesen Standpunkt nicht begreifen!

Im ehemaligen Jugoslawien, seit dem Zerfall des Vielvölkerstaates 1991 mit Krieg überzogen, stellt sich ein weiterer Friedensplan als undurchführbar heraus. Man weiß nicht mehr genau, ob es der fünfte oder der zehnte ist. Man hat überhaupt vollständig den Überblick verloren, wer gegen wen kämpft und wie lange und warum. Man ist auch müde geworden, sich überhaupt darum zu kümmern. Man weiß nur eines: Wie immer die Fronten wechseln, wo immer die Kriegsbilder gedreht werden, sie bleiben sich immer gleich. Gutgelaunte Männer mit rohen Gesichtern, animiert vom morden, rauben und vergewaltigen, stolzieren mit ihren Gewehren vor der Kamera, fahren in Geländewagen und sitzen auf Panzern, deren schwere Kanonen wie aufgemotzte Penisse zwischen den Beinen aufragen und Siegesparolen ejakulieren: Solange es uns gefällt, wird dieser Krieg nicht enden.

O. J. Simpson, ein ehemaliger amerikanischer Football-Star, ist von der Anklage auf Mord an seiner Exfrau und ihrem Geliebten freigesprochen worden. Ein Schnappschuß im Moment des Freispruchs geht durch die Welt. Das Lächeln dieses Mannes zwischen seinen Anwälten, wiewohl Erleichterung und Erschöpfung darin gemischt sind, macht einen nicht glücklich. Es ist ein trügerisches Lächeln. Das Spiel kann weitergehen.

Es macht wieder einmal der altbekannte Spruch die Runde: Wenn du schuldig bist, stehst du am besten vor den Schranken eines amerikanischen Gerichts. Vor allem wenn du uferlos reich bist und alle wichtigen Männer dieses Landes kennst. Dann kannst du vergewaltigen, morden und stehlen, wie es dir beliebt, am Ende kaufst du dir einfach die entsprechenden Staranwälte. Sie besorgen den Freispruch, koste es, was es wolle. In den Abschrankungen vor dem Gericht stehen Hunderte und jubeln über den Freispruch. O. J., du bist der Größte für uns. Der Größte kündigt an, daß er als nächstes zur Erholung auf eine Kreuzfahrt gehen wird. Danach, teilt er mit, wird er den wahren Mörder seiner Frau suchen.

Dies war, wie gesagt, keine besondere Woche, sondern eine ganz gewöhnliche. Willkürlich ausgewählt, weil ich gerade damals diesen Abschnitt schrieb. Die Woche davor war ähnlich, die Woche danach, machen wir uns nichts vor, wird vergleichbar sein. Und das Jahr besteht aus 52 solchen Wochen. Ob nun dieser Ex-Footballer letztlich schuldig oder unschuldig war, ob nun im ehemaligen Jugoslawien letztlich ein Friede zustande kommen mag, ein fauler oder ein echter, das Prinzip bleibt sich trotzdem gleich: Jeden Tag wird man in der Zeitung, in den Abendnachrichten im Fernsehen und in den Aushängen der Kioske dieselben Gesichter sehen, von Politikern, Industriellen, Sportlern, Wissenschaftlern, dieselben triumphierenden Mienen, das immerwährende kalte Siegerlächeln und die pausenlos gen Himmel gereckte Faust, triumphierend, siegesgewiß und aggressiv. Das Spiel, das dabei gespielt wird, ist immer dasselbe. Es kennt nur eine Regel: Der Mächtigere, der Brutalere gewinnt.

Liebt Gott das Leise? Fast scheint eine solche Frage in diesem Moment allzu zynisch.

Er liebt es!

Das Wenige, das du tun kannst, ist viel. (Schweitzer)[14]

Und nun also die Botschaft des Schmetterlingseffektes: Gott, oder welche Kraft immer den Kosmos bewegt, scheint das Leise wirklich zu lieben!

Das Steinbrechgedicht wird bestätigt und sogar verstärkt. Gott liebt das Leise nicht nur, er hat es sogar mit einer unerwartet großen Macht ausgestattet. Wenn der filigrane Schmetterling mit einem Schlag seines seidenen Flügels ein Gewitter auslösen kann, warum soll das kleine rosarote Pflänzchen keine Steine brechen! Wenn das kein Hoffnungsstrahl ist!

Fast scheint es, als ob der Schmetterlingseffekt sozusagen die naturwissenschaftliche Version des Steinbrechgedichtes sei. Das ist natürlich besonders erfreulich. Ideen aus der Physik haben unbestreitbar den Vorteil, daß sie durch das Fegefeuer der Experimente gegangen sind, bevor sie allgemein akzeptiert werden. Insofern haben sie einen Wahrheitsanspruch, den andere Aussagen nicht vorweisen können. Das «Gütesiegel» aus der Physik hat daher noch immer einen guten Klang.

Wie bricht denn der Steinbrech Steine? Diese Frage können wir natürlich nicht beantworten. Aber wie der Schmetterling Gewitter macht, darüber läßt sich doch noch einiges sagen. Genügt tatsächlich ein einziger Flügelschlag des Schmetterlings, um das besagte Gewitter zu erzeugen? Könnte es theoretisch auch noch weniger sein? Wir werden uns ein wenig mehr in die Physik der chaotischen Systeme vertiefen müssen.

Die Veränderung kann tatsächlich beliebig klein sein, soviel sei vorweggenommen! Nehmen wir wieder das Beispiel des Atmosphärenmodells von Edward Lorenz. Wer könnte zwischen einer Temperatur von 25,352162 Grad Celsius und 25,352163 Grad Celsius unterscheiden? Völlig sinnlos, würde man spontan sagen. Und doch zeigt das Modell, daß jeder dieser beiden Ausgangswerte in der Berechnung zwei völlig verschiedene Wetterlagen entstehen lassen kann.

Dann muß man vielleicht Meßfühler konstruieren, die in der Lage sind, die Temperatur auf zehn Stellen hinter dem Komma zu messen! So könnte man nun argumentieren. Aber weit gefehlt, das Problem ist ein prinzipielles. Es zeigt sich, daß auch die zehnte Stelle hinter dem Komma dieselbe verheerende Wirkung auf die Wetterprognose haben kann wie die sechste, und auch die hundertste Stelle ist genauso kritisch. Mit andern Worten: Es gibt ganz einfach keine

Genauigkeit, die ausreichen würde, um solche Umstürze in der Berechnung auszuschließen.

Wenn das stimmt, sagte Lorenz seinerzeit, dann wird das Wetter ganz und gar unvorhersagbar. Der Schmetterlingseffekt war denn auch ein großer Rückschlag für die Meteorologie. Man war damals gerade damit beschäftigt, die Erde mit einem möglichst lückenlosen System von Meßpunkten zu überziehen, um die Wetterprognosen zu verbessern. Die Erfolge ließen sich auch wirklich sehen, und man war überzeugt, daß eine weitere Verbesserung grundsätzlich nur eine Frage der Zeit und des Aufwandes sei. Man müßte nur die Maschen des Meßsystems immer enger ziehen, und schon würde man die Prognosen beliebig verbessern können. Eine typische Überzeugung der Anhänger des Laplaceschen Dämons natürlich: nur immer genauer, nur immer mehr, dann wird auch alles unvermeidlich immer besser.

Und nun reicht ein einziger Flügelschlag des Schmetterlings, um die ganze Situation völlig umzustürzen! Eine herbe Enttäuschung! Man mag das Meßsystem so engmaschig gestalten, wie man nur will, den Schmetterling wird man nie in den Griff kriegen. Das Wetter ist *prinzipiell* unvorhersagbar. Genau darum nennt man es ein chaotisches System.

Chaos im physikalischen Sinn, das soll bei dieser Gelegenheit noch einmal betont werden, bedeutet nicht, daß alles drunter und drüber geht. Das System als solches ist in seinem Verhalten völlig determiniert durch physikalische Gesetze. Diese sind sogar meist sehr einfach und übersichtlich strukturiert. Mechanik, Hydrodynamik, Thermodynamik, alles klassische physikalische Theorien. Seit Jahrhunderten erprobt und bewährt, keine Spur von Chaos in seiner alltäglichen Bedeutung.

Jedes Teilchen des chaotischen Systems gehorcht genau diesen Gesetzen und ist dadurch in seinem Verhalten präzise bestimmt. Aber das System in seiner Gesamtheit ist unvorhersagbar, weil jede Veränderung der Ausgangswerte, und sei sie noch so klein, unvorhersehbar große Konsequenzen haben kann.

Dann kann also auch der Schmetterling die Wirkung seines Flügelschlages nicht voraussagen? Nein, das kann er grundsätzlich nicht! Selbst wenn er die physikalischen Zusammenhänge erkennen und verstehen könnte, würde er trotzdem nicht sagen können: «Jetzt schlage ich mal mit dem Flügel, die Leute in New York brauchen bei dieser Hitze ein tüchtiges Gewitter.»

Dann ist die Wirkung seines Flügelschlages also nur Zufall? Ist das Verhalten eines chaotischen Systems überhaupt nur zufällig? Merkwürdige Fragen!

Alles nur Zufall?

Du glaubst an den würfelnden Gott und ich an die volle Gesetzmäßigkeit. (Albert Einstein in einem Brief an seinen Kollegen Max Born)[15]

Als ich ein Kind war, faszinierte mich, wie wohl manche Leute, der Würfel. Auch für mich war der Würfel der Inbegriff, das Symbol des Zufalls.

Bald jedoch begann ich zu überlegen. Warum zeigt der Würfel eine Drei oder eine Fünf? Im Grunde genommen ist das kein Zufall, sondern Ausdruck der Art, wie ich ihn werfe. Gesetzt den Fall, ich würde den Mechanismus des Wurfs vollständig überblicken, dann könnte ich sein Ergebnis mit Sicherheit voraussagen; wenn ich nur wüßte, wie der Würfel in meiner Hand lag, von welchem Ort aus und mit welchem Impuls er zum Beispiel geschleudert wurde, mit andern Worten, wenn ich die Ausgangsbedingungen kennen würde. Der Zufall wäre dann also gar kein Zufall, oder er wäre zumindest eine Ebene zurückverschoben, auf jene der Hand nämlich, die dann zufällig die entsprechenden Bewegungen, und gerade diese, ausführen würde. Aber, so überlegte ich mir dann, auch die Hand hatte ja

35

ihren Grund, gerade so und nicht anders zu werfen. Auch diese Konstellation war nicht wirklich zufällig, sondern Ausdruck des Zusammenspiels von Muskeln und Knochen, bestimmt durch die Aktionspotentiale der Nerven. Somit mußte der Zufall auf einer noch übergeordneteren Ebene gesucht werden, vielleicht auf jener des Gehirns. Aber, so merkte ich bald, diese Geschichte war endlos, jede Ebene war durch die übergeordnete vollständig bestimmt, würde man nur die Ausgangsbedingungen genau kennen. Das zufällige Ereignis mußte also immer weiter zurückverlegt werden, in einer endlosen Flucht von Ebenen.

Ich schloß daraus, daß es den Zufall gar nicht gebe oder daß er zumindest in der Realität nicht dingfest gemacht werden könne, weil er sich über dieses Spiel der verschiedenen Kausalitätsebenen dem Zugriff immer wieder zu entziehen vermag. Eigentlich, so überlegte ich, war der Zufall offenbar kein grundsätzliches Phänomen, sondern vielmehr ein Ausdruck fehlenden Wissens und Könnens. Würde man nämlich auf einer dieser Ebenen die Ausgangsbedingungen ganz genau kennen, dann müßte auch die Punktzahl, die nach dem Würfeln erscheint, genau festgelegt, also nicht zufällig sein. Zufall, so könnte man überspitzt sagen, ist nur Ausdruck fehlenden Wissens.

Heute weiß ich, daß ich mit meinen Überlegungen in guter Gesellschaft war. Die Überzeugung, daß Zufall Ausdruck fehlenden Wissens über den Zustand des Systems sei, nennt man das «Problem der versteckten Variablen». Sie hat in verschiedensten Varianten Physiker beschäftigt.

Im Fall des Würfelns können wir mein damaliges Problem nun tatsächlich auflösen. Der Würfel in der Hand ist nämlich, man ahnt es, ein chaotisches System. Zwar ist der Wurf und damit die resultierende Punktzahl tatsächlich durch einfachste physikalische Gesetze festgelegt. Daraus aber zu schließen, daß die genaue Kenntnis der Ausgangssituation die Voraussage der Punktzahl ermöglichen würde, ist völlig falsch! Kleinste Veränderungen der Ausgangssituation führen zu völlig unterschiedlichen Resultaten. Der Würfel in der Hand ist ein chaotisches System. Nur darum ist er bei Glücksspielen überhaupt brauchbar! Wer hat nicht schon beim «Eile mit Weile» versucht, durch entsprechende Manipulationen eine Sechs zu würfeln. Und wenn man vermeintlich alles ganz genau gleich macht wie beim vorhergehenden Mal, so ist die Enttäuschung groß, weil genausogut jede andere Punktzahl resultieren kann. Ganz anders wäre es, wenn kleine Veränderungen der Ausgangssituation beim Würfeln nur kleine Veränderungen bewirken würden. Dann wäre der Würfel als treibende Kraft eines Glücksspiels sofort untauglich.

Aus diesen Überlegungen läßt sich unmittelbar etwas Essentielles über den Zufall lernen. Oft steckt hinter dem Zufall gar nicht das, was wir eigentlich vermuten, sondern ein chaotisches System. Sein Verhalten ist durch einfache physikalische Gesetze völlig determiniert. Trotzdem ist es aber gänzlich unvorhersagbar. Diese Unvorhersagbarkeit interpretieren wir dann als Zufall.

Jeder gute Taschenrechner hat heute einen sogenannten Zufallsgenerator. Ruft man ihn ab, so produziert er, ausgehend von einer Startzahl, die man wählen muß, eine zufällige Folge von ganzen Zahlen, die sich bestens für die Programmierung von Glücksspielen aller Art eignen. Der sogenannte Zufall läßt sich aber leicht entlarven. Gibt man nämlich für den Beginn der Zufallszahlenreihe immer wieder dieselbe Startzahl ein, so wiederholt sich die Zahlenreihe jedesmal exakt![16] Der Zufall ist gar kein Zufall, sondern, man ahnt es sogleich, der Zufallsgenerator beruht auf der Erzeugung einer chaotischen Zahlenfolge. Grundsätzlich könnte man mit jedem chaotischen System einen Zufallsgenerator bauen. Ein solches, uns allen vertrautes System ist zum Beispiel ein tropfender Wasserhahn.[17] Wer ist nicht schon einmal schläfrig in einem warmen Bad gelegen und hat den ins Wasser fallenden Tropfen gelauscht. Fast scheint ein imaginärer Trommler am Werk, der mühelos die kompliziertesten Rhythmen erfindet. Sie wiederholen sich nie, selbst wenn man hundert oder tausend Jahre verweilen würde. Der Trommler scheint über eine unerschöpfliche Phantasie zu verfügen! Würde man die Zeiten zwischen den einzelnen Tropfen messen, so könnte man diese Zahlen als Zufallsfolge benützen. Aber keiner der Tropfen fällt wirklich zufällig. Das System des tropfenden Wasserhahns ist chaotisch. Genau dasselbe gilt für eine flackernde Kerzenflamme oder am Himmel ziehende Wolkenformationen, oder auch für die Wellen der Brandung am Strand. Ihre unendliche Vielfalt der Formen und Rhythmen wiederholt sich niemals und ist doch bis ins kleinste Detail durch physikalische Gesetze festgelegt: chaotische Systeme.

Das Zitat am Anfang dieses Abschnittes stammt aus einem Brief Einsteins an seinen Kollegen Born und ist Ausdruck der wohl bekanntesten Auseinandersetzung über das Problem der «versteckten Variablen». Was den beiden großen Physikern völlig unvereinbar schien, entpuppt sich mindestens im Bereich der Chaostheorie als durchaus viel weniger gegensätzlich. Eine scheinbar abgedroschene Phrase bekommt plötzlich neuen Inhalt: Nichts ist Zufall, sagt man. Wahrlich, bei chaotischen Systemen ist nichts und alles Zufall.

Vom Schmetterlingsgefühl

Wer auf den Zehen steht,
steht nicht fest.
Wer mit gespreizten Beinen geht,
kommt nicht voran.
Wer selber scheinen will,
wird nicht erleuchtet.
Wer selber etwas sein will,
wird nicht herrlich.
Wer selber sich rühmt,
vollbringt nicht Werke.
Wer sich selber hervortut,
wird nicht erhoben. (Laotse)[18]

Ich möchte zum Schluß dieses Kapitels nochmals auf das Steinbrechgedicht zurückkommen, und zwar auf einen Unterschied zwischen dem Steinbrechgedicht und dem Schmetterlingseffekt. Es geht, um beim Bild zu bleiben, um die Technik des Steinbrechens.

Zwar besteht ja der Zauber des kleinen Gedichtes nicht zuletzt darin, daß das Pflänzchen sein großes Werk, die Sprengung des harten, scheinbar übermächtigen Felsens, «auf seine eigene Weise» tut, die niemand kennt. Aber doch hat wohl jeder seine Vorstellung, wie es allmählich seine Wurzeln ins Gestein senkt, mit Zähigkeit und Geduld die Ritzen sucht und den Widerstand des Granits bricht. So gesehen könnte der Unterschied zum Schmetterling nicht größer sein. Dieser nämlich arbeitet nicht. Er flattert vielmehr mit größter Leichtigkeit durch die Luft, ist unverschämt hübsch und schwerelos. Seine Wirkung beruht nicht auf Schwerstarbeit, sondern auf einer winzigen Veränderung der Atmosphäre, die er mühelos und achtlos erzeugt. Mehr noch als das, er weiß nichts von seiner Wirkung. Ich bin mir auch nicht sicher, ob er sich dafür interessieren würde.

Der Unterschied ist groß. Auf der einen Seite das kontinuierliche, zähe «Hinarbeiten» auf ein großes, scheinbar unerreichbares «Ziel». Dieses wird dann erreicht durch die beharrliche Summation kleinster Schritte. Auf der andern Seite der schwerelose, heitere, aber durchaus nicht machtlose Flügelschlag.

Damit läßt der Schmetterlingseffekt eine Saite anklingen, die interessanterweise quer durch viele Kulturen ihre Resonanz findet. Ein Beispiel dafür ist das am Anfang dieses Abschnittes zitierte Gedicht aus dem Tao te king, jener wunderbaren Sammlung von Aphorismen, welche der mythischen Gestalt des großen Laotse zugeschrieben wird. Laotse war ein chinesischer Weiser, der vermutlich im sechsten vorchristlichen Jahrhundert lebte. Er selber hatte «auf Berühmtheit nie Wert gelegt, und er hat es verstanden, sich vor den Augen der Welt gut zu verbergen».[19] Als sich in der damaligen Zeit die gesellschaftlichen Zustände hoffnungslos verschlimmerten, soll er sich aus der menschlichen Gesellschaft zurückgezogen haben. Am Grenzpaß Han Gu angekommen, nach späterer Tradition auf einem schwarzen Ochsen reitend, habe ihn der Grenzbeamte Yin Hi gebeten, ihm etwas Schriftliches zu hinterlassen. Darauf habe er den Tao te king, bestehend aus mehr als 5000 chinesischen Schriftzeichen, niedergeschrieben und ihm übergeben. Der Schmetterlingseffekt ist in diesen Weisheitssprüchen überall präsent.

Aber auch unsere eigene Kultur kennt viele Beispiele dazu. Besonders eindrücklich scheint mir die folgende Stelle des Matthäusevangeliums in der Bibel:

«In jener Stunde traten die Jünger an Jesus heran mit der Frage: Wer ist wohl der Größte im Himmelreich? Da rief er ein Kind heran, stellte es in ihre Mitte und sprach: Wahrlich, ich sage euch, wenn ihr nicht umkehrt und werdet wie die Kinder, so werdet ihr nicht in das Himmelreich eingehen. Wer sich also für gering hält wie dieses Kind, der ist der Größte im Himmelreich.»[20]

Die Rolle des Kindes in diesem Ausspruch ist zweifellos jener des Schmetterlings sehr ähnlich. Es geht um die Bereitschaft, Erfolg und Anerkennung beiseite zu stellen, um die Demut, eine kleine Rolle anzunehmen und zu erfüllen, sich gänzlich und mit Hingabe auf sie einzulassen. Das scheinbare Paradox, vielleicht die Quintessenz der Weisheit, auf die sich Mystiker und Denker immer wieder berufen, besteht darin, daß aus diesem Verzicht heraus nicht etwa Trauer und Bitterkeit wachsen, sondern Glück sich entfalten kann.

Ich möchte es das Schmetterlingsgefühl nennen, dieses schwerelose Glück, das Gefühl, in einem Ballon zu schweben, der alle seine Sandsäcke abgeworfen hat und der Sonne entgegensteigt.

Wer das Schmetterlingsgefühl besitzt, hat einen Zauberstab in Händen, der alle Türen und Herzen aufschließt. Es ist vielleicht derselbe Zauberstab, der Franz von Assisi mit

den Tieren und Pflanzen sprechen ließ, der ihm die Sonne
zur Schwester und den Mond zum Bruder werden ließ.

Franz von Assisi

Gepriesen seist du, mein Herr,
mit allen deinen Geschöpfen,
zumal der Herrin, Schwester Sonne,
denn sie ist der Tag,
und spendet das Licht uns durch sich. [. . .]
Gepriesen seist du, mein Herr,
durch Bruder Mond und die Sterne,
am Himmel hast du sie gebildet,
hell leuchtend und kostbar und schön. [. . .]
Gepriesen seist du, mein Herr,
durch unsere Schwester, Mutter Erde,
die uns ernährt und lenkt
und mannigfache Frucht hervorbringt
und bunte Blumen und Kräuter.[21]

Der Dichter Hermann Hesse schrieb einmal: «Es hat andere
Heilige gegeben, deren Seele nicht minder rein und edel
war, aber man gedenkt ihrer nur wenig mehr, er aber war
ein Kind und Dichter, ein Meister und Lehrer der Liebe, ein
demütiger Freund und Bruder jeglicher Geschöpfe, und
wenn die Menschen ihn vergäßen, so müßten Steine und
Quellen, Blumen und Vögel von ihm reden.»[22] In dieser
poetischen Charakterisierung des Franz von Assisi finden
sich noch einmal viele Elemente, die zum Schmetterlingsgefühl gehören. Es verdichtet sich darin jene Art von Heiligkeit, die im modernen Denken noch am ehesten ihren
Platz findet.[23]

Sachlich betrachtet begegnet einem in der historischen
Figur des Franz von Assisi ein Mensch aus Fleisch und Blut,
mit vielen, durchaus widersprüchlichen Facetten. Um 1182
als ältester von mindestens drei Söhnen einer reichen Kauf-

41

mannsfamilie geboren, gehörte er während der ersten zwanzig Jahre seines Lebens zu den jungen Männern aus dem Bürgertum, die damals den höfischen Lebensstil mit seinem Reichtum und seiner Verschwendungssucht nachahmten. Mit etwa zwanzig Jahren, in der damaligen Zeit keineswegs mehr als Jugendlicher, sondern als renommierter Kaufmann, bahnte sich eine tiefgreifende Wende an. Der Umgang mit Aussätzigen und eine Vision in der Kapelle von San Damiano sind Schlüsselerlebnisse. Franz nimmt Abschied von seiner gesicherten großbürgerlichen Existenz und lebt fortan in äußerster Armut, um der Forderung Jesu an seine Jünger, Familie, festen Wohnsitz und allen Besitz hinter sich zu lassen und arm hinauszuziehen, um das Reich Gottes in Tat und Wort zu verkündigen, im wörtlichen Sinne nachzukommen.

Diese phantastische Wandlung vom glamourösen Neureichen zum predigenden Aussteiger, barfuß und in der geflickten Kutte, ist an sich schon Grund genug, um Franziskus zur Legende zu machen. Aber er war keineswegs nur der «neue Narr Gottes», wie er sich offenbar selber bezeichnete. Aus der Sicht der modernen Franziskus-Forschung war er ein äußerst scharfer Kritiker der damaligen Verhältnisse und ein charismatischer Prediger. Tatsächlich verkörperte er eine erstaunlich moderne und heute noch aktuelle Vision der kühnen Verweigerung von Besitz und Hierarchie, einer inneren Freiheit gegenüber institutionellen Zwängen und einer Liebe zum Frieden, die ihn über Jahrhunderte immer wieder zur Identifikationsfigur für verschiedenste Anliegen machte. Auch dieses Buch ist in gewisser Weise der franziskanischen Vision verpflichtet. Mich beeindruckt vor allem auch die für die damalige Zeit besonders erstaunliche ökologische Dimension, die in einem der beiden authentischen Werke von Franziskus, dem 1225 im Garten von San Damiano entstandenen «Sonnengesang», ihren Ausdruck fand. Im Zitat am Anfang dieses Abschnittes ist ein Ausschnitt daraus wiedergegeben.

Es gibt vielerlei Gründe, um Franziskus zu schätzen und

zu beachten. Aber es gibt einen Grund für mich, ihn zu lieben: seine Heiterkeit. Es gibt in unserer Kulturgeschichte glücklicherweise immer wieder Menschen, die von der Kraft positiver Visionen getragen wurden. Heiterkeit ist aber selten ihre besondere Stärke.

Auch wenn das Bild des «Bruder Immerfroh» ein Produkt der Romantik ist, in der die Franziskus-Verehrung einen besonderen Höhepunkt erfuhr, bin ich überzeugt, daß das Bild des heiteren Franziskus eine historische Wurzel haben muß. Heiterkeit – nicht Frohsinn –, die auch den Schatten der Trauer kennt, überzeugt mich im übrigen viel mehr als ständige Ausgelassenheit. Wenn es tatsächlich so ist, wie Franziskus in seinem zweiten authentischen Werk, dem «Testament», beschreibt, daß ihm nämlich gerade in der Auseinandersetzung mit Not, Armut und Tod «das Bittere sich in Süßigkeit der Seele und des Leibes verwandelte», dann ist er damit wohl einem tiefen Geheimnis echter Heiterkeit sehr nahe gekommen.

Wie dem auch sei, selbst wenn die Gestalt des Franz von Assisi nur ein Mythos wäre, so zeigt die gewaltige Resonanz quer durch die Jahrhunderte mindestens eines. Die Sehnsucht nach dieser franziskanischen Heiterkeit scheint in sehr vielen Menschen zu stecken. Jeder Mensch scheint sie zumindest einmal besessen zu haben, und jeder scheint sie irgendwo einmal verloren zu haben. Ist dieser unspektakuläre und oft sogar unbemerkte Verlust nicht gerade eines der Hauptsymptome des sogenannten Erwachsenwerdens? Und statt sich diesen unglaublichen und schmerzlichen Verlust einzugestehen, spricht man von Reifungsprozeß und leistet sich den Luxus, über die sogenannten Illusionen der Jugendzeit zu lächeln.

Vielleicht, so könnte man nun einwerfen, ist dieser Prozeß gar nicht schlecht, sondern vielmehr notwendig, eine notwendige Anpassung an die Realität. Vielleicht schützt er uns vor Enttäuschung, davor, zu oft und zu heftig verletzt zu werden. Und doch bleibt eine unausgesprochene Sehnsucht, die sich im Bild des heiligen Franziskus verkörpert, des «Kindes und Dichters», wie Hesse so schön sagt, «des demütigen Freundes und Bruders jeglicher Geschöpfe». Der Schmetterlingseffekt bringt in mir diese alte Sehnsucht wieder zum Klingen. Vielleicht ist der Lauf der Dinge doch nicht nur ein Spielball der Mächtigen und Korrupten dieser Welt. Vielleicht bleibt das Gute im Endeffekt doch das Stärkere, und vielleicht obsiegt das Leise trotz aller scheinbaren Machtlosigkeit am Ende doch? Ist es nicht gefährlich, einer solchen, vielleicht naiven Hoffnung neue Nahrung zu geben? Ist es nicht geradezu unverantwortlich, einmal mehr einen solchen Mythos in die Welt zu setzen? Wir alle fürchten uns nur zu sehr vor einer neuerlichen Enttäuschung, weil uns jede dieser unzähligen Enttäuschungen, manchmal klein, manchmal größer, ein bißchen zynischer gemacht hat. Es ist Zeit, uns bei der Physik, der unbestechlichsten aller Naturwissenschaften, ein bißchen Sicherheit zu holen.

3 Die Macht des Nichtlinearen

Lineare Systeme

$$\frac{d^2x}{dt^2} = -10x + 10y$$

$$\frac{d^2y}{dt^2} = 28x - y$$

$$\frac{d^2z}{dt^2} = \frac{8}{3}z$$

Dies ist ein sogenanntes Gleichungssystem. Terme wie dx/dt oder d^2x/dt^2 nennt man Differentiale. Sie symbolisieren das Verhalten der Variablen x in Abhängigkeit von der Zeit t, also zum Beispiel die Geschwindigkeit bzw. die Beschleunigung. Würden auf der linken Seite der drei Gleichungen keine Differentiale stehen, sondern irgendwelche Zahlen, so würden wir alle dieses Gleichungssystem aus der Schule kennen. Man weiß auch, wie man es löst. Man reduziert es Schritt für Schritt auf eine einzige Gleichung, in der eine einzige der drei Variablen übrigbleibt. Diese berechnet man dann durch Umformen der Gleichung. Die restlichen Variablen berechnet man, indem man schrittweise rückwärts in die andern Gleichungen einsetzt. Selbst wenn man dies selber noch nie gemacht hat, kann man sich vorstellen, daß das Vorgehen nicht allzu schwierig ist.

Das Auftreten der Differentiale auf der linken Seite an Stelle von Zahlen bedeutet einfach, daß das Gleichungssystem nicht einen statischen Zustand beschreibt, sondern einen dynamischen. Die Variablen x, y und z verändern sich im Lauf der Zeit in der durch das Gleichungssystem festgelegten Weise. Auch der Weg, um das Gleichungssystem zu lösen, bleibt im wesentlichen analog.

Unser Beispiel ist ein sogenannt lineares Gleichungs-system, es besteht aus lauter linearen Gleichungen. Linear heißen sie, weil in ihnen die Variablen nur in der ersten Potenz vorkommen. Mathematisch gesprochen gehört der Schmetterlingseffekt in eine andere Welt als dieses Gleichungssystem, nämlich in den Bereich der sogenannten nichtlinearen Physik.

Mathematik ist bekanntlich die Sprache, derer sich die Physiker bedienen, um beobachtete Sachverhalte zu beschreiben, und die Gleichungen entsprechen den einzelnen Sätzen dieser Sprache. Sie enthalten Variablen, die meßbaren, experimentell bestimmbaren Größen entsprechen. Dadurch ist die mathematische Sprache mit der experimentellen Realität verknüpft. Falls nun die Lösungen dieser Gleichungen tatsächlich den gemessenen Werten entsprechen, so geht man davon aus, daß die Gleichungen wirklich den untersuchten Sachverhalt darstellen und bis zu einem gewissen Grad auch erklären. Eigentlich ist dies ein hoher Anspruch. Ich brauchte lange, bis ich realisierte und auch akzeptierte, daß dies in der Physik eine wichtige, wenn auch ziemlich heuristische Interpretation von Verstehen ist.

Von dieser Warte aus ist aber eigentlich mit dem Lösen einer beschreibenden Gleichung schon viel, wenn nicht sogar alles gewonnen. Meistens enthält eine solche Gleichung nämlich nicht nur eine einzelne Lösung für einen bestimmten Zeitpunkt, sondern auch das Verhalten des Systems im Verlauf der Zeit. Im Idealfall stellt sich die gesuchte Lösung der Gleichung dann als Funktion der Zeit dar, das heißt für jeden Zeitpunkt ergibt sich ein ganz bestimmter Wert der interessierenden Variablen. Man setzt ganz einfach den gewünschten Wert der Zeit in die Funktion ein, und schon weiß man, welchen Zustand das System zu diesem Zeitpunkt einnehmen wird. Eine solche Lösung der Gleichung nennt man geschlossen. Sie stellt den Idealfall dar. Findet man eine geschlossene Lösung, so kann man die Zukunft des Systems für alle Zeiten voraussagen.

Unser am Anfang dieses Abschnittes zitiertes lineares

Gleichungssystem könnte zum Beispiel das Verhalten einer Kugel beschreiben, die an drei Federn mit unterschiedlicher Elastizität im Raum aufgehängt ist, ein dreidimensionales Federpendel also. Dieses klassische Problem der Mechanik hat eine geschlossene Lösung, die sich leicht ausrechnen läßt. Die Kugel führt sogenannte Lissajous-Figuren aus, eine Kombination von harmonischen Oszillationen in den drei Raumdimensionen. Obwohl diese Figuren sehr kompliziert aussehen können, läßt sich die Position der Kugel im Raum zu jedem Zeitpunkt exakt berechnen. Dabei muß der Ausgangszustand der Kugel nicht einmal ganz genau bekannt sein. Denn kleine Abweichungen führen zu keiner entscheidenden Veränderung der Kugelbahn. Für Systeme, die durch lineare Gleichungen beschrieben werden, gilt der Schmetterlingseffekt nicht. Die Kugelbahn kann grundsätzlich sogar von Hand ausreichend genau berechnet werden.

Vor dem Aufkommen der Computer war denn auch das Auffinden einer geschlossenen Lösung die einzige Möglichkeit, ein System wirklich zu berechnen. Waren die Experimente also einmal gemacht und die Gleichungen aufgestellt, dann mußte eine solche Lösung gesucht werden.

Es gab auch tatsächlich spektakuläre Erfolge. Zum Beispiel konnten die Planetenbahnen um die Sonne so berechnet werden. Es war Newton, dem dies gelang. Die berühmte Geschichte mit dem Apfel, der ihm angeblich aus einem Apfelbaum auf den Kopf fiel, erzählt davon. In diesem Moment, so die Legende, sei ihm der Gedanke gekommen, daß es dieselbe Kraft sei, welche den Apfel auf den Erdboden ziehe, welche auch die Erde auf ihrer Bahn um die Sonne halte. Die Erkenntnis dieser Gesetzmäßigkeit ermöglichte Newton, die Gleichung aufzuschreiben, welche die Bewegung der Planeten um die Sonne bestimmt. Das war der erste Schritt. Der zweite war, daß sich diese Gleichung tatsächlich geschlossen lösen ließ. Newton erhielt eine Lösung, die ihm den Ort und die jeweilige Geschwindigkeit des Planeten für alle Zeiten voraussagte.

Die Entdeckung Isaac Newtons war bahnbrechend. Wie er sie selber einschätzte, läßt sich durch die einleitende Bemerkung im dritten Band seiner *Philosophiae naturalis principia mathematica* ersehen: «Ich werde nun das System der Welt darlegen»,[24] schreibt er dort. Wieder läßt der Laplacesche Dämon grüßen.

In der Tat sind Newtons Ergebnisse beeindruckend. Er konnte Planetenbahnen berechnen und Zeit und Ort von Sonnenfinsternissen mit größter Präzision voraussagen. Er konnte auch erklären, warum die Planetenbahnen kreis- oder ellipsenförmig sind. Er fand das Verhältnis der Massen der Planeten und der Sonne zur Masse der Erde. Er berechnete die Unregelmäßigkeiten der Mondbahn, die auf die Anziehungskraft der Sonne zurückzuführen sind, ebenso wie die Bahnen der Kometen. Man konnte nun also zu Recht davon ausgehen, daß man die Gesetze des Sonnensystems verstanden hatte.

Solche Erfolge machten zuversichtlich. Man war lange Zeit davon überzeugt, daß letztlich jedes physikalische System eine geschlossene Lösung aufweise, man müsse sie nur finden.

Es zeigte sich dann allerdings rasch, daß geschlossene Lösungen von physikalischen Systemen eher die Ausnahme sind. Tatsächlich sind sie sogar ausgesprochen selten. Physikalische Systeme, die durch lineare Gleichungen beschrieben werden, wie unser Beispiel des Federpendels, sind für die Suche nach geschlossenen Lösungen am erfolgversprechendsten.

Immerhin gibt es eine Menge von physikalischen Systemen, welche linearen Gleichungen gehorchen. Nicht nur das Federpendel, auch elektrische Schaltkreise, Kreisel und viele andere klassische Beispiele lassen sich so berechnen. Nicht zufällig beschäftigt sich die Schulphysik nur mit solchen Beispielen linearer Physik, die eine geschlossene Lösung zulassen. Man darf das Potential dieses Vorgehens nicht unterschätzen. Immerhin ist die gesamte Technik, vom Radio bis zur Raumfahrt, Ergebnis der linearen Physik. Quantenmechanik, klassische Thermodynamik, die spezielle Relativitätstheorie: Alle sind Kinder der linearen Physik.

Nichtlineare Systeme

$$\frac{dx}{dt} = -10x + 10y$$

$$\frac{dy}{dt} = 28x - y - xz$$

$$\frac{dz}{dt} = \frac{8}{3} z + xy$$

Dieses Gleichungssystem ist fast dasselbe wie jenes des vorhergehenden Abschnittes.[25] Es kommen nur zwei unscheinbare Zusatzterme dazu, xz und xy. So unbedeutend sie scheinen mögen, so verändern sie doch die Situation grundlegend. Sie stoßen gewissermaßen die Tür zu einer neuen Welt auf. Das Gleichungssystem ist jetzt nämlich nichtlinear geworden, genauer: quadratisch. Das mag zunächst erstaunen, weil nirgends ein Quadrat auftaucht, aber bei solchen Gelegenheiten werden sozusagen Äpfel mit Birnen zusammengezählt, das heißt x mal y ist so gut wie x mal x, also x^2.

Nichtlineare Gleichungssysteme lassen sich im allgemeinen nicht auf dieselbe Weise lösen wie lineare Gleichungen. Lange mußte man sich daher auf die Erforschung linearer Vorgänge beschränken. Nichtlineare Systeme, das heißt solche, die sich nicht durch lineare Gleichungen beschreiben ließen, versuchte man nach Möglichkeit zu vermeiden, oder dann untersuchte man sogenannte lineare Näherungen, von denen man hoffte, daß sie das Verhalten des Systems nicht zu sehr verfälschten. Beweisen konnte man das aber nicht. Daß nichtlineare Systeme vielleicht ganz unerwartete Eigenschaften aufweisen könnten, zeigte sich allerdings bereits am Ende des letzten Jahrhunderts zum ersten Mal. Erstaunlicherweise ging es dabei ausgerechnet um das bereits erwähnte Paradebeispiel der klassischen Mechanik, das Sonnensystem. Die kleine Geschichte ist sehr instruktiv. Am Ende des letzten Jahrhunderts stiftete König Oscar II. von Schweden 2500 Kronen als Preis für die Antwort auf folgende Frage: Ist das Sonnensystem stabil?[26] Fünf Jahre verstrichen, ohne daß eine preiswürdige Arbeit eingereicht worden wäre. Der Preis wurde verdoppelt und erneut ausgesetzt. Drei weitere Jahre gingen ins Land, bis er schließlich einem der größten damaligen Mathematiker zuerkannt wurde: Henri Poincaré. Dieser hatte in seiner preisgekrönten Arbeit *Le problème des trois corps et les équations de la dynamique* geradezu eine neue mathematische Disziplin, die Topologie, begründet, um dem Problem auf die Spur zu kommen. Das Ergebnis war unerwartet. Kleinste Störungen der Himmelskörper untereinander, von denen man bisher angenommen hatte, daß sie vernachlässigbar seien, konnten sich derart aufschaukeln, daß sie die Ellipsenbahnen der Planeten drastisch veränderten. Die Ergebnisse, die den unaufhaltsamen Zerfall des Sonnensystems nahelegten, schockierten den Mathematiker: «Diese Dinge sind so bizarr», schrieb er, «daß ich es nicht weiter aushalte, darüber nachzudenken.»[27]

Was war geschehen? Aus unserer heutigen Sicht liegt es auf der Hand. Das Problem der Stabilität des Sonnensystems ist ein nichtlineares Problem. Newton berücksichtigte nämlich bei seinen Berechnungen jeweils nur zwei Himmelskörper gleichzeitig: ein Zentralgestirn, die Sonne, und den kreisenden Planeten. Sobald aber mehr als zwei Himmelskörper in die Überlegungen einbezogen werden, sind die bestimmenden Gleichungen nichtlinear und lassen die geschlossenen Newtonschen Lösungen nicht mehr zu. Ihre Behandlung mit den klassischen Methoden der Mathematik wird außerordentlich schwierig. Gleichzeitig wird chaotisches Verhalten des Systems möglich. Was Poincaré zu seinem Schrecken entdeckte, war, um es mit unsern

Worten zu sagen, daß der Flügelschlag eines «kosmischen» Schmetterlings genügen könnte, um unser scheinbar so stabiles Sonnensystem zum Absturz zu bringen. Mehr konnte Poincaré damals nicht aussagen. Schon seine Entdeckung als solche war eine sehr erstaunliche Tat, die zu seiner Zeit an die Grenze mathematischer Möglichkeiten stieß. Danach mußte man das Problem für mehr als ein halbes Jahrhundert auf sich beruhen lassen. Weitere Erkenntnisse über nichtlineare Systeme waren erst möglich, als man sich den nichtlinearen Gleichungen plötzlich auf ganz andere Art und Weise nähern konnte. Die ersten Computer waren aufgekommen. Ihre ungeheure, die Kapazität eines Menschen weit übersteigende Rechenfähigkeit macht es nämlich möglich, das Verhalten nichtlinearer Gleichungen trotz ihrer Unlösbarkeit zu erkunden. Zwar findet auch der Computer keine Lösungen im geschlossenen Sinn, aber er kann das Verhalten eines solchen Systems Schritt für Schritt errechnen, simulieren.

Damit, man merkt es sogleich, sind wir wieder bei unserem ersten Thema, der Simulation des Wetters durch Edward Lorenz, angelangt. Das nichtlineare Gleichungssystem am Anfang dieses Abschnittes ist übrigens nichts anderes als die primitivste Version jener Gleichungen, womit Lorenz seinen Computer fütterte![28]

Lorenz' mathematische Modellierung der Atmosphäre und deren Simulation auf dem Computer war einer der ersten Versuche, sich den nichtlinearen Systemen und ihrem Verhalten anzunähern. Was sich schon in den Untersuchungen Poincarés andeutete, wurde jetzt zur Gewißheit. Überrascht stellte man fest, daß nichtlineare Systeme keineswegs einfach leicht modifizierte Brüder und Schwestern der linearen Systeme sind. Sie schienen mit ihrem Verhalten vielmehr einer völlig andern Welt anzugehören: dem Chaos. Chaotisches Verhalten schien ein Aspekt zu sein, der nichtlineare Systeme auszeichnete. Aber gibt es denn einen Grund, warum gerade nichtlineare Systeme chaotisches Verhalten zeigen? Dieser Frage werden wir uns im nächsten Abschnitt widmen. Nebenbei: Was die Frage der Stabilität des Sonnensystems anbelangt, so ist die Antwort noch nicht definitiv gefunden. Die klassische Mathematik sollte noch einmal einen Triumph feiern, als die drei Physiker A. Kolmogorow, W. Arnold und J. Moser in einem berühmten Theorem bewiesen, daß in einem Planetensystem zwar Chaos auftreten kann, aber nur «gebändigt», falls die gegenseitigen Störungen der Planeten klein bleiben.[29] Aber noch niemand konnte bisher zeigen, daß unser Sonnensystem solche Bedingungen wirklich erfüllt. Auch hier mußten Computer weitere Erkenntnisse liefern. Auf Supercomputern führte der französische Astrophysiker J. Laskar Simulationen des Schicksals unseres Sonnensystems über den absurden Zeitraum von 200 Millionen Jahren durch. Das Resultat deutet darauf hin, daß sich das Sonnensystem chaotisch verhält. Was dies aber genau für sein Schicksal in einigen Millionen Jahren bedeutet, ist noch nicht verstanden.

Das Prinzip der Iteration

Sie erinnern sich an die Geschichte des weisen Mannes, der das Schachspiel erfand. Als Belohnung erbat er sich vom König, daß dieser ein Reiskorn auf das erste Feld des Schachbrettes lege, zwei auf das zweite, vier auf das dritte und immer so weiter, stets die Anzahl der Reiskörner verdoppelnd. Erst dachte der König, daß dieses eine sehr bescheidene Belohnung wäre, bis er herausfand, daß er dafür eine solch riesige Menge Reis benötigen würde, daß weder er noch irgendein anderer König in der Welt sie zur Verfügung stellen könnte.[30]

Vor Jahren hatte ich einmal kurz das Vergnügen, Gymnasiasten im ersten Jahr, also etwa dreizehnjährige Mädchen und Knaben zu unterrichten. Mein Thema war das Potenzieren, also das Berechnen von Ausdrücken wie «zwei hoch fünf».

Um den Schülern einen Eindruck von der Macht dieser mathematischen Operation zu vermitteln, wollte ich einen kleinen Wettbewerb veranstalten. Ich kaufte einen wunderschönen, großen Lolli als Preis und stellte folgende Aufgabe: Sie sollten ein Blatt Papier zur Hand nehmen und es in der Mitte falten. Dann sollten sie es nochmals falten und nochmals. Die Schüler waren mit Eifer bei der Sache, denn erstens waren sie neugierig, worauf mein Ansinnen hinauslaufen würde, und zweitens waren sie noch in dem glücklichen Alter, in dem ein großer Lolli ein mächtiger Ansporn ist. Nun hatten sie ihr Papier also dreimal gefaltet, und es war schon viel kleiner und etwas dicker geworden. Ich ließ sie es nochmals falten, und nun war das entstandene Gebilde schon etwas sperrig und hatte eine Dicke von vielleicht vier Millimetern. Der Zusammenhang unseres Vorgehens mit dem Potenzieren ist offensichtlich. Die Dicke entspricht jetzt «zwei hoch vier» mal der ursprünglichen Dicke des Papiers.

Dann sagte ich: «Stellt euch nun vor, obwohl es immer etwas schwieriger wird, ihr würdet das Papier insgesamt 25mal so falten, wie wir dies jetzt viermal getan haben. Nun möchte ich, daß ihr schätzt, wie dick das Papier geworden ist.»

Ich erinnere mich gut, wie jetzt das große Wetten losging. War das entstehende Gebilde jetzt zwei Zentimeter dick, oder vielleicht zehn Zentimeter oder fünfzehn? Ein besonders mutiger Schüler schlug einen Meter als Dicke vor. «Du spinnst», meinten die andern sogleich. Ein Meter Dicke, das war ja völlig undenkbar! Ich sah dem Treiben eine Weile vergnügt zu und sah dann, daß ich meinen Wettbewerb anders zu Ende führen mußte. Ich schrieb fünf Begriffe an die Tafel: «Trinkbecher», «Mineralwasserflasche», «Sonnenblume», «Kirchturm» oder «Schneeberg».

«Überlegt euch gut, wie hoch das gefaltete Papier werden könnte. So hoch wie ein Trinkbecher, so hoch wie eine Sonnenblume oder vielleicht sogar so hoch wie ein Schneeberg? Auf los rennt ihr alle zu dem Wort an der Tafel, welches ihr für richtig findet. Wer am schnellsten am richtigen Ort ist, kriegt den Lolli.»

War das nun ein Überlegen und Beratschlagen und ein In-den-Startlöchern-Sitzen! Und auf los rannten alle wie gestochen nach vorne zu der Tafel, jeder an den Ort, wofür er sich entschieden hatte. Es war ein Tumult und Geschubse, daß es eine Art hatte!

Wohin wären wir wohl gerannt? Die Frage ist wirklich nicht einfach zu beantworten! Die Schüler hatten sich bald entschieden. Es gab ein riesiges Gedränge unter der Sonnenblume und bei der Wasserflasche, dort waren die Schüler etwa je zur Hälfte. Die restlichen hatten sich für das Wasserglas entschieden und einer stand beim Kirchturm. Er wurde ziemlich ausgelacht dafür und glaubte wohl selber nicht so ganz an seinen Mut. Nun, er bekam den Lolli! Und seine Schätzung war noch dazu falsch. Die Dicke des entstehenden Papierfalzes beträgt nämlich – zehn Kilometer. Der entstehende Papierberg wäre also fast doppelt so hoch wie der Himalaja. Nie mehr seither ist eine Äußerung von mir auf soviel offenen Unglauben gestoßen wie in jener Mathematikstunde, und ich muß gestehen, daß ich selber angesichts dieses geballten Widerstandes unsicher wurde. Hatte ich mich wohl verrechnet?

Ich hatte mich nicht verrechnet, und niemals haben wohl Schüler seither wieder ähnlich rasch das Prinzip des Exponenten begriffen! Noch in der Pause nämlich saßen alle in einer Traube um einen Taschenrechner und warteten gespannt auf das Ergebnis des Eintippens der Zahlen. Es braucht eine Weile, bis man fünfundzwanzigmal mit zwei multipliziert hat, aber wenn man von einer Papierdicke eines Drittelmillimeters ausging, leuchteten am Ende tatsächlich die behaupteten zehn Kilometer im Display auf.

Eine unglaubliche Geschichte! Und doch ist sie nichts anderes als eine der vielen Versionen der Geschichte am Anfang dieses Abschnitts, in der sich der König ähnlich gravierend getäuscht hatte. Das Prinzip ist wieder genau dasselbe: zwei mal zwei mal zwei mal . . .

Entscheidend ist dabei nicht etwa die Zahl Zwei, sondern die ständige Wiederholung desselben Multiplikationsschrittes. Eine solche Wiederholung, die natürlich nicht nur in einer einfachen Multiplikation, sondern auch in einem viel komplizierteren Algorithmus bestehen kann, nennt man eine Iteration. Kennzeichen eines iterativen Prozesses ist die Schleifenbildung.

Ein klassisches Beispiel für eine solche Schleifenbildung ist die Autokatalyse bei der Herstellung einer chemischen Substanz. Unter einem Katalysator versteht man in der Chemie eine Substanz, die die Geschwindigkeit einer chemischen Reaktion beschleunigt, ohne dabei selber weiter verändert zu werden. Eine chemische Substanz kann auch ihre eigene Herstellung beschleunigen. Ihre Produktion wirkt dann direkt auf sich selber zurück, oder sie tut es indirekt über die Beeinflussung der Produktion einer zweiten Substanz, die dann ihrerseits wieder auf die Produktion der ersten zurückwirkt. Wir haben es mit einer typischen Schleifenbildung zu tun. Besonders in der Biochemie gibt es viele solche Prozesse. Zum Beispiel ist die Herstellung des Botenstoffes cAMP (cyklisches Adenosinmonophosphat), der Signale zwischen Zellen vermitteln kann, oft ein autokatalytischer Vorgang.

Iterative Prozesse sind für viele unerwartete Effekte verantwortlich, von der Papierflut eines Kettenbriefes bis zur zerstörerischen Gewalt einer Atomexplosion. Auch der gute alte Schneeballeffekt oder das explosionsartige Wachstum von Bakterienkulturen sind, wenn auch besonders einfache, Beispiele von iterativen Prozessen.

Eine genaue Analyse chaotischer Systeme zeigt, daß sie alle iterative Mechanismen aufweisen. Mehr noch, die Schleifenbildung ist sogar das entscheidende Merkmal chaotischer Systeme. Sie führt nämlich dazu, daß die Veränderung einer Variablen auf diese selber zurückwirkt und damit verstärkt wird. Diese Verstärkung wirkt wieder auf sich selber zurück und wird nochmals verstärkt und so fort. So kann eine kleine Veränderung gewaltige Dimensionen annehmen und das ganze System beherrschen: der Schmetterlingseffekt.

Um dies noch einmal am Beispiel der Autokatalyse zu wiederholen: Eine kleine Veränderung der Ausgangsstoffe wird mehr Produkt erzeugen. Dieses beschleunigt nun mittels Autokatalyse seinen eigenen Herstellungsprozeß und es entsteht wiederum mehr Produkt und so fort. Oder wenn in unserem Beispiel eine Zelle aus irgendeinem Grund den Botenstoff cAMP produziert und in die Umgebung abgibt, so werden die Nachbarzellen, welche das Signal erhalten, ihrerseits cAMP erzeugen und abgeben, und deren Nachbarn werden dies ihrerseits auch wieder tun. Eine kleine Variation der Ausgangskonzentration kann damit zu einer unvorhersehbaren Veränderung der Endkonzentration führen. Chaotisches Verhalten.

Was aber hat das mit Nichtlinearität zu tun? Schleifenbildung bedeutet in der genannten Art immer Wechselwirkung einzelner Variablen eines Systems mit sich selber oder untereinander. Die mathematische Beschreibung davon ist die Multiplikation der entsprechenden Variablen miteinander. Das bedeutet, daß sie dann im Gleichungssystem in mindestens quadratischer Form auftreten. Also sind die entstehenden Gleichungen nichtlinear. Chaotisches Verhalten wird daher in der Regel durch nichtlineare Gleichungen beschrieben. Solange man seine Aufmerksamkeit nur den linearen Gleichungen widmete, hatte man es nicht angetroffen.[31]

Es scheint mir wichtig, noch einmal zu betonen, daß wir hier zum physikalischen Kern chaotischer Systeme vorgestoßen sind. Das Prinzip der Iteration führt zur lawinenartigen Verstärkung kleinster Veränderungen. Solche schleifenbildenden Mechanismen spielen in jedem chaotischen System die zentrale Rolle, sei es beim Herzschlag oder bei der Entwicklung der Wetterlage.

Mißverständnisse

An dieser Stelle scheint mir ein günstiger Moment, um einem Mißverständnis vorzubeugen, dem ich bei der Diskussion um den Schmetterlingseffekt oft begegnet bin. Es geht darum, daß wir die Macht eines iterativen Prozesses gefühlsmäßig schlecht einschätzen können. Wir sind gewohnt, in linearen Kategorien zu denken, und dann kann Kleines nur durch Summation in ungeheurer Zahl zu einer bemerkbaren Wirkung kommen. Ein Prozeß, in dem ein Iterationsmechanismus eingebaut ist, braucht diese Summation nicht. Kleines kann tatsächlich direkt eine mächtige Wirkung entfalten. Ich habe auf diesen Unterschied schon bei der Diskussion des Steinbrechgedichtes hingewiesen. Der Steinbrech, der auf dem mächtigen Fels sitzt und diesen mit unendlicher «Geduld» in zahllosen unmerklichen Schritten bricht, ist gewissermaßen ein Vertreter der linearen Systeme. Der Schmetterling, der nur ein einziges Mal scheinbar achtlos mit den Flügeln schlägt, macht sich einen nichtlinearen Effekt zunutze. Ich möchte diesen entscheidenden Unterschied nochmals an zwei alltäglichen Beispielen erörtern.

Das eine Beispiel handelt von einem passionierten Segler, der vom Schmetterlingseffekt gehört hatte. In einem Gespräch kam die Rede auf den Effekt der Thermik. Es handelt sich dabei um Winde, die dadurch entstehen, daß sich die Luft über dem Festland erwärmt, als Luftsäule aufsteigt und dann über den See bläst. Dabei trägt jedes Stück Land, sei es noch so klein, zu der erwärmten Luftsäule ein Stück bei. In der Summe ergibt sich dann der starke Luftstrom, der das Herz des Seglers höher schlagen läßt. «Das sind nun eben Tausende von kleinen Schmetterlingen, die zusammenwirken», meinte der Segler und wollte damit sagen, daß der Effekt des einzelnen Stücks Boden für sich alleine sehr klein sei. Wahrscheinlich sah er vor seinem geistigen Auge tatsächlich so etwas wie eine mit Abertausenden von Schmetterlingen bestückte Landschaft, die alle mit ihren Flügeln schlagen und je einen winzigen Windhauch erzeugen.

So hübsch dieses Bild ist, so wenig entspricht es dem Schmetterlingseffekt. Es ist, wie wir jetzt wissen, ein Bild aus der linearen Welt. Tausend kleine Landstücke ergeben einfach tausendmal eine kleine Luftsäule. Das Ergebnis ist nichts als die Summation der einzelnen Elemente. Erst wenn die Summe genügend groß ist, wird auch die Wirkung entsprechend groß. In diesem System der aufsteigenden Luft ist keine Rückkoppelungsschleife eingebaut. Sonst könnte tatsächlich ein einziger Sonnenstrahl einen thermischen Sturm auf dem See auslösen. (An dessen Ufern möchte ich allerdings nicht wohnen.)

Das zweite Beispiel erlebte ich auf einer Wanderung. Es war Anfang Oktober, und die Sonne stand, obwohl es Mittag war, relativ tief, so daß die Krempe meines Hutes gerade noch mein Gesicht bis zum Hals schützte.

Am Fuß der Talstation der Gondelbahn, die wir benutzen wollten, angekommen, überlegten wir spaßeshalber, ob die Sonne wohl auf der Bergstation noch tiefer scheinen würde, ob dann also mein Hut als Sonnenschutz nicht mehr taugte. Die Überlegung war naheliegend. Beim Licht einer Straßenlampe würde sie stimmen. Es geht um das Phänomen der Parallaxe, des Winkels zwischen den Sehstrahlen von zwei Beobachtungsorten aus zum selben Objekt. Stehe ich auf der Straße, so scheint mir die Lampe auf den Kopf. Stehe ich auf einer Mauer, so leuchtet mir die Lampe unter die Hutkrempe. Sitze ich auf dem Baum gegenüber, so leuchtet sie mir ins Gesicht.

Beim Sonnenlicht stimmt diese Überlegung natürlich grundsätzlich auch. Da die Sonne als Lichtquelle aber sehr weit entfernt ist, reicht der Höhenunterschied zwischen Berg- und Talstation der Gondelbahn nicht aus, um einen Unterschied bezüglich des Winkels der Sonneneinstrahlung zu bemerken. Der Höhenunterschied zwischen Berg- und Talstation ist im Vergleich zum Abstand Sonne–Erde so klein, daß er keine merkbare Änderung des Winkels der

Sonneneinstrahlung bewirkt. Mein Sonnenhut würde mir also auch auf der Bergstation der Gondelbahn noch dienlich sein.

Er hätte sich dies schon selber auch überlegt, meinte nun mein Begleiter. Doch dann habe er an den Schmetterlingseffekt gedacht. Auch kleinste Änderungen könnten doch eine große Wirkung haben. Da sei er plötzlich unsicher geworden und hätte seinen eigenen Gedanken nicht mehr getraut. Mit einem Mal realisierten wir, daß wir ein besonders deutliches Beispiel für den Unterschied zwischen Linearität und Nichtlinearität vor uns hatten.

Die Parallaxe ist ein Beispiel für die Spielregeln der linearen Welt, weil der Winkel der Sonneneinstrahlung linear von der relativen Höhe des Beobachters abhängt. Ist der Höhenunterschied zwischen zwei Beobachtern nur klein, dann ist auch die Änderung des Winkels klein. Im Extremfall, wo die Höhenwanderung im Vergleich zum Abstand Sonne–Beobachter sehr klein ist, so wie es bei uns der Fall war, ist die resultierende Änderung des Winkels so klein, daß man sie getrost vernachlässigen kann. In einer solchen Situation, welche linearen Gesetzmäßigkeiten gehorcht, wird eine kleine Ursache immer auch eine kleine Wirkung haben. Man ist vor Überraschungen völlig sicher. Im linearen Bereich hat der Schmetterling keine Macht.

Wir stellen fest, daß wir es geradezu mit zwei verschiedenen Welten zu tun haben. Einer linearen Welt und einer nichtlinearen Welt. In diesen beiden Welten herrschen völlig unterschiedliche Spielregeln. Der Gedanke ist tatsächlich gewöhnungsbedürftig.

Die Spielregel «Großes hat große Wirkung, Kleines hat kleine Wirkung» prägt unsere Denkweise zutiefst. Damit ist auch gleichzeitig gesagt, daß unser Weltverständnis durch lineare Denkansätze geprägt ist. Warum dem so ist, obwohl wir, was unsere natürliche Umwelt betrifft, eigentlich von einer nichtlinearen Welt umgeben sind, ist schwer zu sagen. Wir werden in einem späteren Kapitel über einige mögliche Antworten nachdenken.

Ein wirkliches Verständnis des Schmetterlingseffektes verlangt jedenfalls, daß wir lineare Denkmuster relativieren. Der Schmetterlingseffekt wird in diesem Sinne zum Vorposten einer Welt, die nach den nichtlinearen Spielregeln funktioniert.

Der Mann mit den Bäumen

Zum Schluß dieses Kapitels möchte ich mir eine allegorische Illustration dieses Kapitels gestatten, indem ich von einer Geschichte berichte, die mich schon als Kind sehr berührt hat und die uns auf überraschend poetische Weise das Prinzip der Iteration, wie wir es uns auf gesellschaftlicher Ebene vorstellen müssen, nochmals vor Augen führt.

Es ist eine Geschichte des französischen Dichters Jean Giono mit dem Titel «Der Mann mit den Bäumen».[32] Giono erzählt darin, wie er am Anfang dieses Jahrhunderts als junger Mann eine lange Fußwanderung in den Alpen nahe der Provence unternahm. Nach drei Tagen befand er sich in einem weitläufigen, steppenartigen Gelände und kampierte in den zerfallenden Mauern eines verlassenen Dorfes. Es war Juni, und der Wind blies dort derart unerträglich, daß der Erzähler weiterwandern mußte. Nach fünf Stunden Fußmarsch hatte er noch immer kein Wasser gefunden. Da sah er in der Ferne die kleine Silhouette eines Menschen und ging auf gut Glück darauf zu.

Es war ein Hirte, der dort mit seinen Schafen lagerte. Der Mann, so stellte sich heraus, lebte in dieser Einöde. Er hatte eine tiefe Zisterne mit gutem Wasser und ein solides Steinhaus gebaut. Giono entschloß sich, die folgende Nacht bei diesem Mann zu verbringen.

Am Abend holte der Hirte einen kleinen Sack und schüttete einen Haufen Eicheln auf den Tisch. Er untersuchte sie genau und schied die guten mit großer Sorgfalt von den schlechten aus, bis er schließlich hundert vollkommene Eicheln beiseite hatte. Dann gingen die beiden schlafen.

Am nächsten Morgen entschied sich Giono, der vom Frieden, den der Hirte um sich verbreitete, angetan war, diesen einen Tag lang zu begleiten. Er beobachtete, wie der Hirte an Stelle eines Steckens eine ungefähr anderthalb Meter lange Eisenstange mitnahm. Auf einer Weide überließ er die Herde der Obhut des Hundes und bestieg einen Hügel in der Nähe. Dort angekommen, begann er, seinen Eisenstab in die Erde zu stoßen. So machte er Löcher in den Boden und legte Eicheln hinein. Dann machte er das Loch wieder zu. Er pflanzte Eichen. Giono fragte ihn, ob ihm dieses Land gehöre. Nein, antwortete der Hirte, er vermute, daß es Gemeindeland sei, worum sich die Leute nicht kümmerten. Er setzte hundert Eicheln mit größter Sorgfalt. So tat er dies offenbar jeden Tag.

Wenig später nach diesem Erlebnis begann der Erste Weltkrieg. Giono wurde als Infanteriesoldat eingezogen und vergaß die Episode mit dem Hirten und seinen Eicheln.

Nach vielen Jahren und insgesamt zwei Weltkriegen besuchte Giono wieder jene Gegend, in der er die Einöde und den Hirten angetroffen hatte. Schon an der Luft merkte er, daß sich etwas verändert hatte. Statt der trockenen und heftigen Winde, die ihn damals empfangen hatten, wehte ein leichtes Lüftchen voller Wohlgerüche. Ein Murmeln, ähnlich dem des Wassers, kam von den Höhen: Es war der Wind in den Wäldern! Die Eicheln hatten ausgeschlagen. Der Wind verstreute die Samen der jungen Pflanzen. Richtiger Wald war entstanden. Und endlich, das erstaunlichste, Giono hörte das Rauschen von Wasser in einem Becken. Er sah, man hatte einen Brunnen geschaffen. Wasser gab es genug. Es war mit dem Wald zurückgekommen.

Mit dem Wasser war auch die Hoffnung zurückgekehrt. Man hatte die Ruinen weggeräumt, verfallene Mauerreste abgebrochen und Häuser aufgebaut. Ein Weiler war entstanden, mit 28 Bewohnern, darunter vier jungen Haushalten. «Die neuen Häuser, frisch verputzt, waren von Gemüsegärten umgeben, in denen gemischt, aber schön gereiht,

Gemüse und Blumen wuchsen, Kohl und Rosen, Lauch und Löwenmäulchen, Sellerie und Anemonen. Es war nun ein Ort, an dem zu leben einen die Lust ankam [. . .] An den unteren Bergabhängen sah ich kleine Gersten- und Roggenfelder und hinten in den engen Tälern grünende Wiesen.»

Und der Hirte? Er war 1947 in aller Stille im Asyl von Banon gestorben. Niemand wußte, daß er die ersten Bäume des neuentstandenen Waldes gepflanzt hatte. Man sprach vielmehr davon, daß man zum ersten Mal einen Wald ganz von selber habe hervorsprießen sehen. Ganze Delegationen kamen, um den «natürlichen» Wald zu besichtigen. Er wurde unter Staatsschutz gestellt, und man verbot, daß man hier Kohle brenne.

Eine wunderbare Schmetterlingsgeschichte, sagen wir. «Das war die großartigste Kettenreaktion, die ich je gesehen habe», schrieb Giono. Und er hat mehr recht mit dieser Behauptung, als er ahnen konnte.

4 Die Macht des einzelnen

Schmetterling und Hierarchie

Sind die Waffen stark, so siegen sie nicht.
Sind die Bäume stark, so werden sie gefällt.
Das Starke und Große ist unten.
Das Weiche und Schwache ist oben. (Tao te king)[33]

Das Prinzip der Iteration sitzt wie ein verborgener Königs-
macher im nichtlinearen System und kann winzig Kleines
zum entscheidenden Riesen werden lassen. Eine kleine
Ursache kann eine riesige Wirkung entfalten. Die Bedeutung eines Vorkommnisses in einem nichtlinearen System
wird daher völlig unwägbar. Läßt es das System «kalt»,
oder führt es zur Katastrophe im wörtlichen Sinn? Wir
wissen es nicht, bevor wir es erlebt haben. Lineares Verhalten, woran man sich gewöhnt hatte, ist völlig anders.
Kleine Ursachen ergeben kleine Wirkungen. Große Ursachen ergeben große Wirkungen. Das ist das Gesetz der
Linearität. Mehr noch: Eine doppelt so große Ursache ergibt
eine genau doppelt so große Wirkung. Eine halb so kleine
Ursache gibt eine halb so kleine Wirkung. Bei nichtlinearen
Systemen kann man darauf überhaupt nicht mehr zählen.
Eine winzig kleine Ursache kann eine verheerend große
Wirkung haben und umgekehrt. Etwas völlig anderes.

Großes hat große Wirkung, Kleines hat kleine Wirkung –
dieses lineare Konzept, sagten wir, prägt unsere Denkweise zutiefst. Interessant ist es, sich zu vergegenwärtigen,
daß die Quintessenz dieser Einstellung das Prinzip der
Hierarchie ist. Hierarchie beruht letztlich auf der An-
nahme, daß die Mitglieder einer Gruppe bezüglich ihrer
Größe eindeutig in eine Reihenfolge gebracht werden kön-

nen und daß diese Reihenfolge in allen ihren Lebensäußerungen gewahrt bleibt. Mit andern Worten: Der Große in der Hierarchie hat eine große Wirkung auf das Leben einer Gruppe, der Kleine eine kleine Wirkung. Wir haben es also wieder mit dem linearen Denkansatz zu tun.

Die Spielregeln einer linearen Welt sind hierarchietreu. Was immer auf die lineare Welt einwirkt, die bestehende Hierarchie bleibt gewahrt. Kleines bleibt immer klein, Großes kann höchstens noch größer werden. Nur so hat Hierarchie überhaupt einen Sinn. Hierarchie ist also nur in einer linearen Welt möglich. Umgekehrt hat nur in einer linearen Welt Hierarchie überhaupt eine Bedeutung. Eine nichtlineare Welt ist nicht hierarchietreu, und die Rangfolge unter den verschiedenen Mitgliedern verwischt sich in kürzester Zeit, ja sie macht von Anfang an überhaupt keinen Sinn, wenn Kleines durch den Schmetterlingseffekt eine unendlich viel größere Wirkung haben kann als Großes.

Das Hierarchieprinzip wird also durch den Schmetterlingseffekt grundlegend in Frage gestellt. Er respektiert die Hierarchie nicht. Kleines bekommt plötzlich unerwartete Macht, und Großes wird zur Bedeutungslosigkeit verdammt. In diesem Sinn ist der Schmetterlingseffekt also antihierarchisch, antiautoritär, fast subversiv. Er strahlt eine herrlich anarchische Leichtfüßigkeit aus und ist natürlich für alle, deren erklärtes Lebensziel der Aufstieg auf der Karriereleiter ist, eine akute Bedrohung. Ein wenig erinnert mich der Schmetterling an die bunten Blumenkinder der sechziger Jahre, die die damalige Gesellschaft mit ihren engen Wertvorstellungen so verunsicherten, indem sie diese dank ihrer farbigen Verspieltheit ganz einfach ignorierten. So flattert der Schmetterling in eine hierarchisch organisierte Weltvorstellung und schüttelt diese gehörig durcheinander.

Das Entscheidende in diesem Zusammenhang aber ist, daß die Position des einzelnen in der Gesellschaft durch den Schmetterling eine ganz andere wird. Ich will dies am Extremfall eines patriarchalen Systems erklären.

Der dritte Weg

Studien an Führungskräften zeichnen ein erschreckendes Bild vom Karriereverlauf eines Topmanagers. Deutlich ambitionierter, energievoller, zäher, initiativer, willensstärker, integrer, selbstbewußter, kreativer und flexibler als die übrigen Durchschnittsmenschen starten die frischen Führungskräfte ihre Karrieren. All diese rühmlichen Attribute werden ihnen in Untersuchungen jedenfalls attestiert. Ein paar Jahre später jedoch steht anstelle des Strahlemanns nicht selten ein – auch wissenschaftlich ausgeleuchtetes – Wrack: Je mehr sich nämlich die Spitzenkraft engagiert, desto eher läuft sie Gefahr, an den zu hohen Ansprüchen zu scheitern und auszubrennen, zeigen Studien auf.[34]

In einer patriarchalen Gesellschaft ist die Hierarchie das grundlegende und umfassende Prinzip schlechthin. Hierarchietreue ist geradezu überlebenswichtig für das Aufrechterhalten eines solchen Systems, ja es können überhaupt nur solche Aktivitäten zugelassen werden, die hierarchietreu sind. Man kann dies besonders gut an patriarchalen Paradepferden wie zum Beispiel der katholischen Kirche, dem Militär oder auch den Krankenhäusern beobachten. Ihre Organisation beruht idealtypisch auf dem linearen Prinzip. Kleines hat immer kleine Wirkung, und nur Großes hat große Wirkung. Nur wer dieses Grundprinzip der Hierarchie respektiert, wird vom System gefördert. Damit bekommt ein solches System auch eine ungeheure, sich selber ständig reproduzierende Stabilität. Ein Mensch, der sich in ein solches System hineinbegibt, hat im Prinzip nur zwei Möglichkeiten.

Entweder identifiziert er sich mit dem System und seiner Art der Selektion und dient sich Stufe für Stufe auf der vorgeschriebenen Leiter hoch. Dies vielleicht mit dem ungewissen Fernziel, eines Tages eine Position zu erreichen, die ihm ein mehr oder weniger großes Mitspracherecht sichert. Eine solche Strategie verlangt nur zu oft, daß die ganze Person in eine Waagschale geworfen wird, meist unter erheblichen Opfern an Persönlichkeit, Lebensqualität und sozialer Kompetenz. Wie groß diese Opfer sind, läßt sich in einem anderen prototypischen Bereich, jenem der Politik, buchstäblich veranschaulichen. Im Blitzlichtgewitter der Fotografen erklimmen die Politiker Stufe um Stufe der Macht, und der unbeteiligte Beobachter kann ihre gnadenlos ausgeleuchteten Gesichter von Tag zu Tag welken sehen wie eine dürstende Sonnenblume im scharfen Tempo eines unerbittlichen Zeitraffers. Besonders deutlich kann man dies an verschiedenen Zeitungsbildern derselben Politiker im Verlauf einiger Jahre sehen. Ein schelmischer, jungenhafter Minister wirkt nach neun Jahren im Amt verbraucht und kränklich. Eine Parlamentarierin, die als ihre frühste Leidenschaft in einem Interview «barfuß umherspringen» angibt, wirkt knapp zwei Jahre später, seit acht Monaten in einer Exekutive, verhärtet und niedergeschlagen.[35]

Ich selber habe solche Entwicklungen erstmals in der Medizin aus der Nähe verfolgen können. Ich habe Haarschöpfe gesehen, die innerhalb eines Jahres mit silbrigen Fäden durchzogen waren, Körper, die hart und verspannt wurden, Gesichter, die bald hagere Falten zeigten, und Lippen, die ein zynisches Lächeln zu umspielen begann.

Und so enden die Jünger der Hierarchie dann, vielleicht eben noch mit Enthusiasmus angetreten, ausgelaugt und hart, als Wachsfiguren im Gruselkabinett der Linearität. Oft hat dann ihr Weg über die Hürden der Hierarchie, der so viele menschliche Grundbedürfnisse über die Klinge springen ließ, tiefe Spuren in der Persönlichkeit hinterlassen. Waren sie nicht von Anfang an skrupellose Machtmenschen, denen nichts als der hierarchische Aufstieg wichtig war, so zahlen sie jetzt den Tribut dafür, daß sie sich auf dieses Spiel eingelassen haben. Macht korrumpiert, und zu viele Kompromisse mit ihr korrumpieren auch. Im schlimmsten Fall sind sie nun selber zu ihren Handlangern geworden, die nun ihrerseits gnadenlos das System verteidigen, welches sie groß gemacht hat. Was bleibt ihnen anderes übrig? Der Preis war zu hoch, den sie zahlten, als daß sie das System ernsthaft in Frage stellen könnten, ohne in eine Sinnkrise zu geraten.

Ein Bereich, der mit dem Hierarchieprinzip steht und fällt, ist der Spitzensport. Dort flimmert seine Auswirkung täglich über die Fernsehbildschirme. Der Sieger gilt alles, der Verlierer nichts, und schon der Zweite beißt für die Medien ins Gras. Anders als in andern Bereichen, wo der Hierarchiegötze vornehm im Hintergrund bleibt und diskret überspielt wird, wird ihm im Spitzensport von Sportlern und Zuschauern ganz unverblümt gehuldigt und findet er im berühmten Siegertreppchen eine fast groteske Inkarnation. Fast jedermann weiß, daß dort oben nicht die Gesündesten, sondern die Kränksten der Nation stehen, zu unnatürlichen Spitzenleistungen getrimmt, oft gedopt, hochgezüchtet und fitgespritzt. Der zweite Teil dieses eigentlichen Trauerspiels findet dann meist unter Ausschluß der Öffentlichkeit statt. Wer denkt an die Knie, die nach zahllosen Bänder- und Meniskusrissen, Operationen und Arthroskopien schon mit 35 Jahren ihren Dienst versagen? Wer spricht von den ausgepumpten Sportlerherzen, den überbeanspruchten Wirbelsäulen, den ratlosen Menschen, die in der Mitte ihres Lebens aus Ruhm und Ehre in eine ungeplante und plötzliche Leere hineinfallen? Und doch wissen mittlerweile alle, daß Spitzensport krank macht. Was aber für den Sportler ganz offensichtlich gilt, gilt im Grunde für alle, die sich in eine der modernen, ausgereizten Hierarchien hineinwagen. Nur hinken sie nicht so unübersehbar wie die abgewrackten Sportler mit ihren ausgewalzten Gelenken.

Wer zu solchen Opfern nicht bereit ist, muß akzeptieren, daß ihm nur noch die kleine Rolle im großen Spiel der Gesellschaft übrigbleibt. Vielleicht lebt er ein durchaus erfülltes und eventuell sogar farbigeres und glücklicheres Leben als der Anhänger der Hierarchie, aber es bleibt ihm doch immer der schale Nachgeschmack der Einflußlosigkeit, des Nichtzählens, des Übergangenwerdens. Da er oftmals durch Entwicklungen der Gesellschaft selber betroffen wird, ob es sich nun um den Lärm in der Nachbarschaft, Arbeitslosigkeit, Umweltzerstörung oder, im Extremfall, um Krieg handelt, erlebt er diese Einflußlosigkeit sehr bald nicht mehr als graue Theorie oder als eine Frage der Eitelkeit, sondern als bitteren Ernst und schmerzende Ohnmacht. Es ist genau dieses Gefühl, welches rasch in die erwähnte Resignation umschlägt und viele Menschen den Rückzug ins Private und in die Passivität antreten läßt. «Was soll ich tun, die da oben machen ohnehin, was sie wollen», ist der klassische Spruch, der diese Einstellung charakterisiert und gleichzeitig unmißverständlich deutlich macht, woran dieser Mensch krankt. Er leidet letztlich am Prinzip der Hierarchie.

Genau an diesem Punkt verheißt der Schmetterlingseffekt einen dritten Weg. Man muß sich gar nicht an den Moloch der Hierarchie verdingen, um den Lauf der Dinge mitzugestalten. Man muß auch nicht in Resignation und Ohnmacht versinken, wenn man nicht bereit ist, seine Lebensqualität auf dem Altar des Erfolgs zu opfern. Es geht auch ganz anders.

Diesen dritten Weg kann allerdings nur jemand einschlagen, der selber innerlich vom Hierarchieprinzip unabhängig ist. Wer bei seinen Handlungen auf den Schmetterlingseffekt baut, muß akzeptieren, daß dieser keine Lorbeeren bringt. Ihm muß das Wissen – oder das Vertrauen – genügen, daß sein Wirken einen Effekt haben kann, sogar einen beträchtlichen Effekt. Er kann diesen aber nicht erzwingen. Mit großer Wahrscheinlichkeit wird er nie davon erfahren. Er selber wird dabei nie im Rampenlicht stehen, sein Name wird nicht genannt werden, und seine Handlung wird ihn kaum eine Sprosse emporbringen auf der gesellschaftlichen Hierarchieleiter. Die Handlung selber und die Sache, für die er sich einsetzt, muß ihm Motivation genug sein. Das ist die eigentliche Anforderung, die an jemanden gestellt wird, der den dritten Weg außerhalb von Hierarchie oder Resignation einschlagen will.

Schmetterlingseffekt und die Männer

Das Blut einer weiblichen Hyäne enthält ungeheure Mengen des Hormons Androstendion. Im Verlauf der Schwangerschaft wandelt die Gebärmutter diese chemische Verbindung in Testosteron um, so daß sowohl weibliche als auch männliche Embryonen in männlichem Hormon «baden».

Ein Resultat dieses Testosteronbades ist die Tatsache, [. . .] daß die äußeren Geschlechtsorgane der weiblichen Hyänen männliche Gestalt annehmen. Damit jedoch nicht genug: Nach der Entwicklung in dieser höchst maskulinen fetalen Umgebung verlassen Tüpfelhyänen den Mutterleib als die aggressivsten Jungsäuger, die der Wissenschaft bekannt sind. Ausgestattet mit einem kompletten Satz von Schneide- und Reißzähnen, liefern sich die neugeborenen Tüpfelhyänen noch vor dem ersten Saugen unter Umständen tödliche Kämpfe. [. . .]

Die Geschlechtsausstattung der Hyäne ist einzigartig. [. . .] Einzigartig ist die Tüpfelhyäne aber auch in ihrer Aggressivität – kein anderes Säugetier schlüpft, bereit zu kämpfen und zu beißen, aus dem Mutterleib. [. . .] Inmitten einer brutalen Natur, bevölkert von solch reizbaren Geschöpfen wie Löwen, Nashörnern und Kaffernbüffeln, übertrifft die Tüpfelhyäne in ihrer Unerbittlichkeit alle. Nicht größer als ein stattlicher Hund, greift eine einzige Hyäne Raubtiere an, die fünfmal so groß sind wie sie selbst, und im Rudel erlegt sie Tiere von der Größe eines ausgewachsenen Zebras. [. . .] Diese Einzigartigkeit macht die Hyäne zu einem spektakulären Beispiel für den ungeheuren Einfluß, den Geschlechtshormone auf die Entwicklung von Körper und Gehirn haben können – ein Einfluß, der sich aber keineswegs nur auf die Tüpfelhyäne beschränkt. Alle Säugetiere, vom Maulwurf bis zum Menschen, werden im Mutterleib von Geschlechtshormonen geformt. Was der Hyäne ihre Sonderstellung verleiht, ist lediglich die übertrieben große Menge an Hormonen und die Tatsache, daß beide Geschlechter – und nicht nur eins – im Mutterleib einen Testosteronstoß erhalten. [. . .][36]

Der Unterschied zwischen männlichem und weiblichem Verhalten beschäftigt mich, seit ich für eine gewisse Zeit als

Lehrer an einer Mädchenschule unterrichtet habe. Ich war in meiner Jugendzeit weitgehend in einer männlichen Umgebung aufgewachsen, zunächst in einer Jungenklasse am Gymnasium und dann wieder in der doch weitgehend durch Männer bestimmten Welt der Mathematik und Physik. Der unerwartete Einblick in eine fast ausschließlich weibliche Welt war ein entscheidendes Erlebnis für mich. Zunächst war ich beeindruckt von der Energie und dem Enthusiasmus junger Frauen, wenn sie unter sich sind. Ungestört von Rollenvorgaben und männlichem Dominanzverhalten können Mädchen wirklich alles, was sie wollen, vom Durchführen eines Chemieexperiments bis zum Überstehen eines Hexenritts mit dem Kanu über Stromschnellen, und zwar mit größter Selbstverständlichkeit und beträchtlichem Vergnügen.

Das führte zunächst dazu, daß ich sehr schnell einige alte Vorurteile begrub, die ich mitgebracht hatte. Vor diesem Hintergrund des Respekts und der Zuneigung begann mich dann aber bald auch der Umgang der Mädchen untereinander zu faszinieren. Er war ganz anders als alles, was ich bisher kannte. War es die Sorgfalt und Achtsamkeit, welche dem Beziehungsaspekt gewidmet wurde? War es die Unbefangenheit und Zärtlichkeit im Körperkontakt?

Es war insgesamt ein schwer beschreibbares, atmosphärisches Erlebnis von Vertrautheit und menschlicher Wärme. In glücklichen Momenten, und für mich waren es glückliche Momente, vermischt mit Traurigkeit, weil ich selber nicht dazugehören konnte, hatte ich den Eindruck, daß in solchen Gruppen eine Art Zärtlichkeitskokon entstand, an dem ständig und absichtslos gewoben wurde.

Mittlerweile ist bereits einige Zeit verstrichen seit dieser für mich damals prägenden Erfahrung. Natürlich habe ich unterdessen auch die problematischen Seiten des Umgangs von Frauen untereinander kennengelernt. Interessanterweise waren es gerade die Frauen selber, die nicht müde wurden, mich darauf hinzuweisen. Doch bei allem dazugewonnenen Realismus bin ich auch heute noch davon überzeugt, daß die Frauen einen der kostbaren Schlüssel für eine bessere Welt in Händen halten. Im Unterschied zu vielen Frauen, die ganz offensichtlich vom ersten Atemzug an darauf konditioniert werden, ihr eigenes Geschlecht abzulehnen, glaube ich außerdem, daß es an der Zeit ist, sich diesem Schlüssel mindestens für eine gewisse Zeit anzuvertrauen. Mir selber hat er jedenfalls eine Welt des Denkens und Fühlens erschlossen, auf die ich nicht mehr verzichten möchte und, in diesem Zusammenhang besonders wichtig, die mir den Zugang zum Gedanken des Schmetterlingseffektes überhaupt erst öffnete. Sind Frauen also die besseren Schmetterlinge? Ich weiß es nicht, aber es ist eine Frage, die mich immer wieder beschäftigt. Immerhin bin ich mir ziemlich sicher, daß Männer diesbezüglich im allgemeinen die schlechtere Ausgangslage haben, weil ihnen ihr ureigenes Hormon, das Testosteron, das männliche Geschlechtshormon, im Weg steht. Das Zitat am Anfang dieses Abschnittes zeigt, worum es geht. Ich habe es dem Buch *Evas Rippe* von Robert Pool entnommen, worauf ich mich in diesem Abschnitt noch einige Male stütze.

Man lasse sich durch den etwas blutrünstigen Stil des Zitats nicht täuschen. Es ist dies nur die Einleitung zu einer minutiösen und brillanten Zusammenstellung der neusten Forschungsergebnisse zum Unterschied der Geschlechter. Dabei wird eines klar: Der sogenannt kleine Unterschied ist keineswegs so klein, und einer der wichtigsten Faktoren, in dem sich die beiden Geschlechter voneinander unterscheiden, ist die Aggression.

Männer sind aggressiver als Frauen, und das Testosteron, das männliche Geschlechtshormon, ist wesentlich verantwortlich dafür. Die Forschungsergebnisse sind ganz eindeutig. Seien es nun Experimente mit Ratten oder psychologische Experimente mit Elektroschocks, die Probanden vermeintlichen Prüflingen applizieren sollen, seien es Untersuchungen an Kindern von Müttern, die mit männlichen Hormonen behandelt wurden oder Untersu-

71

chungen an Mädchen, die unter einer Stoffwechselstörung mit vermehrter Produktion männlicher Hormone leiden. Seien es Messungen des Testosteronspiegels oder psychologische Tests mit Schulkindern, immer lautet das Verdikt gleich. Schon der männliche Fötus im Bauch der Mutter produziert Testosteron, welches nicht nur seine körperliche Entwicklung, sondern auch seine Gehirnreifung beeinflußt. Schon im ersten Schrei nach der Geburt klingt das Testosteron mit und läßt die Mutter wissen, womit sie zukünftig zu rechnen hat. Im späteren Leben scheint dann sogar zu gelten: Je höher der Testosteronspiegel im Blut, desto aggressiver der entsprechende Mensch.

Bei einigen dieser zahllosen Untersuchungen ergab sich ein Resultat, welches in unserem Zusammenhang ganz besonders interessiert. Männer und Frauen, so zeigte sich nämlich, unterscheiden sich auch in einem speziellen Aspekt der Aggression, der Wettbewerbsbereitschaft. Der Unterschied besteht aber nicht darin, wie kompetitiv Männer und Frauen sind, sondern in welcher Weise sie kompetitiv sind. Was den persönlichen Wunsch nach Bestleistungen betraf, konnte kein geschlechtsspezifischer Unterschied festgestellt werden. Bei dem Wunsch aber, jemanden haushoch zu schlagen, lagen die Männer weit vor den Frauen. Frauen waren sehr viel mehr daran interessiert, persönliche Bestleistungen zu erreichen, Männer waren mehr daran interessiert, zu gewinnen.

Der nicht ganz zulässige und sicher vereinfachende Blick auf das Tierreich läßt die Vermutung zu, daß diese Ergebnisse nicht ganz zufällig sind, sondern daß es sich hier um ein uraltes Verhaltensprogramm handelt, dem auch menschliche Männer unterworfen sind. Der ständige Konkurrenzkampf der Männchen, die allgegenwärtigen Drohgebärden und die Bereitschaft, mit allem, was sich bewegt, zu rivalisieren, ist einem jedenfalls aus jedem Tierfilm vertraut.

Wie dem auch sei, das große Aggressionspotential und seine spezielle Ausformung macht Männer jedenfalls zu leidenschaftlichen Anhängern des Hierarchieprinzips. Tatsächlich bilden sich bekanntlich in männlichen Gruppierungen, sei es nun eine Fußballmannschaft, eine Segelcrew oder eine Armee, augenblicklich ausgeprägte Hierarchien. Was Männer auf der Hierarchieleiter eine Stufe nach oben bringt, interessiert sie leidenschaftlich. Was ihnen diesbezüglich keine Vorteile bringt, läßt sie eher kalt. Vielleicht nicht ganz die idealen Voraussetzungen für die Anwendung des Schmetterlingseffekts.

Schmetterlingseffekt und die Frauen

In Großbritannien ist ein Bericht erschienen: «Doctors and Their Careers: A New Generation». Die Autorin Isabel Allen vergleicht darin zwei Kohorten von Staatsexamensabsolventinnen und -absolventen [. . .] Die Hälfte der Studienabgänger ist unterdessen weiblich, aber mit zunehmender Ranghöhe inner- und außerhalb des Spitals nimmt der Frauenanteil ab. Fünf Jahre nach dem Staatsexamen arbeitete nur noch ein Drittel der Frauen im Spital. Frau Allen sieht die Gründe für den schlechteren beruflichen Status der Frauen nicht in der stereotypen Erklärung, daß sie eben die Kinder bekommen, und auch nicht in der Intelligenz: Im Gegenteil, die A-Level-Noten (entsprechen ungefähr dem Maturitäts- bzw. Abiturniveau, Anm. d. A.) waren deutlich besser als jene der Männer. Hingegen nahmen sich Frauen durchwegs die «asozialen Arbeitszeiten» sowie abwertende Bemerkungen von Vorgesetzten mehr zu Herzen als die Männer, die gleichen Bedingungen ausgesetzt waren. Dazu zeigte die Studie, daß die Frauen selbstkritischer sind und sich deshalb weniger für höhere Stellungen melden. Diejenigen Frauen aber, die den Mut und das Selbstvertrauen haben, sich auf die Karriereleiter zu wagen, treffen schon nach wenigen Sprossen auf diskriminierende bis illegale Selektionspraktiken, die ihren weiteren Aufstieg verhindern. . . .[37]

Männer haben ihre Probleme mit der Schmetterlingsrolle. Heißt das, daß Frauen die geborenen Schmetterlinge sind?

Zunächst möchte ich auf eine Gefahr aufmerksam machen, die in dieser Frage steckt. Eine Schlagzeile kommt mir in den Sinn: Frauen arbeiten in der Schweiz unentlohnt pro Jahr im Wert von 90 Milliarden Franken.[38] Sind diese Frauen nun ein bunter Reigen kleiner Schmetterlinge, oder sind sie schlicht ein patriarchales Sklavenheer? «Verzicht auf Dank und tu im stillen das Gute um des Guten willen»[39] und was der Sprüche noch mehr sind, gleichen sie nicht fatal dem Steinbrechgedicht?

Steinbrechgedichte tauchten zu allen Zeiten mit Vorliebe dann auf, wenn Frauen ihre Träume von Selbstbestimmung und Selbstverwirklichung aufgeben mußten. Vorsicht und Skepsis sind also angebracht. Es wäre betrüblich und kontraproduktiv, ausgerechnet mit dem Schmetterlingseffekt ein weiteres Instrument in patriarchalen Händen zu schmieden, das die untragbare Ausgrenzung der Frauen von Macht und Einfluß einmal mehr mit sogenannt naturwissenschaftlicher Sachlichkeit zementierte.

Trotzdem möchte ich in aller Zurückhaltung auf folgenden Sachverhalt aufmerksam machen. Es fällt auf, daß Frauen eher vom Hierarchiegedanken unabhängig sind als Männer. Offenbar sind sie, und vielleicht sind hier wirklich grundlegende körperliche Faktoren wie Hormone im Spiel, viel weniger bereit, sich mit hierarchischen Systemen zu identifizieren und ihren individuellen Weg zugunsten der Karriere zu opfern. In Zeiten, in denen Frauenförderung zumindest verbal großgeschrieben wird, findet sich dann vielfach der Vorwurf, Frauen seien gar nicht bereit, die ihnen geöffneten Wege zu Karriere und Macht zu benutzen. Sogar aus dem Mund von Frauen hört man dann Sätze wie: «Man erhält nichts geschenkt – die Frauen müssen auch mal den Hintern heben.»[40] Niemandem kommt dann merkwürdigerweise in den Sinn, daß nicht nur der angeblich träge Hintern der Grund dafür sein könnte, daß es die Frauen nicht in die Mühlen des patriarchalen Systems zieht.

Dabei könnte es doch durchaus sein, daß Frauen das

Prinzip der Hierarchie ganz einfach fremd ist und daß sie weniger bereit sind, Beziehungen, Kinder und ihre persönliche Lebensqualität zugunsten der Karriere zu opfern. In der besonders exponierten Berufsgattung der Ärztinnen ist dies sogar durch wissenschaftliche Studien belegt.[41] Wer aber die Augen offenhält, findet überall entsprechende Beispiele. Ob es nun die berühmte Geigerin Anne Sophie Mutter ist, welche im Interview mit großer Bestimmtheit sagt, daß sie niemals eine Beziehung ihrer Karriere opfern würde, oder meine junge Kollegin, die dasselbe sagt, obwohl ihr mit ihrem Ausbildungsweg alle Türen für eine naturwissenschaftliche Karriere offenstehen, ob es der Hollywood-Star Michelle Pfeiffer ist, die zugunsten ihres Kindes auf eine Traumrolle verzichtet[42] oder meine Nachbarin, die auf das Amt der Rektorin verzichtet, weil sie sonst ihr Hobby, das Glasmalen, aufgeben müßte, immer zeigt sich dasselbe Muster. Frauen setzen die Gewichte im Leben anders.

Es ist daher meines Erachtens kein Zufall, daß Frauen im Durchschnitt die ihnen im Rahmen der Frauenförderung angebotenen Karrieremöglichkeiten nicht wahrnehmen. Frauen sind in einer patriarchalen, vom Hierarchieprinzip bestimmten Welt nach einem Wort von Christa Mulack[43] im eigentlichen Sinn heimatlos. Das Zitat am Anfang dieses Abschnittes spricht diesbezüglich eine beredte Sprache.

Tatsächlich scheint Frauen nichts anderes als der Weg in die Anpassung, die Resignation und die gesellschaftliche Ohnmacht übrigzubleiben, wenn sie nicht bereit sind, den Gang durch ein System anzutreten, welches auf die männlichen Eigenschaften zugeschnitten ist und ihre eigenen Bedürfnisse vergewaltigt. Selbst dann haben sie allerdings eine geringe Chance, sich im selbstkonservierenden Hierarchieprinzip zu behaupten. Besonders eindrücklich ist dies für ein weiteres traditionell hierarchisch organisiertes System, das der Universitäten, dokumentiert. Während der Anteil von weiblichen Studierenden an Schweizer Universitäten heute über 40 Prozent beträgt, sind es bei den

Doktoranden nur noch 20 Prozent Frauen. Als Professorinnen finden sich noch genau 4,7 Prozent Frauen auf den 2550 Lehrstühlen.[44] Genau an dieser Stelle erlaube ich mir, auch die Frauen auf den Schmetterlingseffekt hinzuweisen. Warum nicht ihn benutzen, um in einer scheinbar aussichtslosen Situation an Boden zu gewinnen! Vielleicht müssen die Frauen gar nicht in die Politik, die Spitäler, in die Konzerne, die Universitäten, in die Zentren der Macht gelangen, um Veränderungen herbeizuführen, und dort ein entfremdetes Leben führen. Niemals werden sie die Spiele der Hierarchie so gut spielen, niemals werden sie so aggressiv sein, um die Männer mit ihren eigenen Waffen zu schlagen. Vielleicht benützen sie besser eine eigene Waffe, ganz anders konstruiert, den Männern weniger zugänglich: den Schmetterlingseffekt.

Warum soll Gleichberechtigung bedeuten, daß Frauen genauso karrierefixiert wie Männer werden und alle andern Werte, insbesondere das Wohl der Kinder, dem Prinzip der Hierarchie unterordnen? Ist das nicht vielmehr der letzte Sieg des Patriarchats, der die Frauen sich selber definitiv entfremdet?

Diese Argumentation ist meines Erachtens des Nachdenkens wert. Es sei noch einmal betont, daß es hier nicht darum geht, alte, voremanzipatorische Muster durch die Hintertüre wieder einzuführen. Der Schmetterlingseffekt öffnet wirklich einen dritten Weg, der sich überall anbietet, im privaten wie auch im öffentlichen Leben, in bedeutenden und in unscheinbaren Positionen. Die Art und die Ebene seiner Verwirklichung sind in keiner Weise festgelegt.

Insbesondere ist dieser Weg nicht etwa nur für die Frauen offen. Es gibt auch Männer, die sich in vergleichbarer Lage befinden. Auch sie geraten unter die Räder der patriarchalen Maschinerie und versuchen dann allerdings im allgemeinen, sich nach der Decke zu strecken und das zu werden, was man einen richtigen Mann nennt. Der

Schmetterlingseffekt könnte auch ihr Verbündeter sein. Sie dürfen nur nicht der Resignation und der Apathie erliegen. Und sie müssen mit ihrem Testosteron ins reine kommen. Das ist das Geheimnis.

Ich-Stärke

Ob Mann oder Frau, außerhalb des Hierarchiegedankens zu leben und sich trotzdem zu engagieren ist nicht einfach. Zuviel Aussicht auf narzißtische Befriedigung fällt dahin. Die Aussicht auf Aufstieg, Belohnung, auf Bewunderung und Anerkennung ist eine mächtige Motivation, um sich einzusetzen. Ohne sie bleibt nur noch der Glaube an die Sache, Überzeugung, Verantwortungsgefühl. Und wird daraus vielleicht im besten Fall auch Begeisterung und Hingabe, so muß die gute Absicht immer noch in die Tat umgesetzt werden. Das aber, so will es die Realität, ist in den meisten Fällen mit viel Mühsal verbunden. Mit einem Lastwagen in ein kriegsversehrtes Land zu fahren und dort Hilfsgüter abzuladen, das braucht Durchhaltevermögen und die Fähigkeit, Beschwerden und Gefahren auf sich zu nehmen, das leuchtet jedem ein. Aber auch als Kurier mit dem Rad durch die Städte zu fahren ist nicht eitel Wonne. Ein Musical mit 50 begeisterten Jugendlichen ist wunderschön, aber wer denkt an die vielen Probestunden, in denen die Schüler motiviert werden mußten. Ein Solarmobil mag erstaunen, wenn es leise durch die Gegend surrt. Aber bis es einmal fährt, sind Jahre des unverdrossenen Probierens vergangen. Ein Mädchentreff, was für eine sympathische Idee. Doch wer ist bereit zu unzähligen Bittgängen, um den Trägerverein über Jahre knapp am finanziellen Kollaps vorbeizuretten?

Wer tut alle diese Dinge, nur weil sie sachlich richtig sind oder weil sie ihm am Herzen liegen? Motiviert sind viele, «es muß etwas passieren» denken manche, aber wer setzt es in die Tat um?

Ich glaube, daß die entscheidende Eigenschaft in diesem Zusammenhang die sogenannte Ich-Stärke ist. Dieser Begriff stammt ursprünglich aus der Psychoanalyse Sigmund Freuds und wird heute allgemein verwendet, um die Fähigkeit zu bezeichnen, mit der Spannung zwischen Lust- und Realitätsprinzip umgehen zu können. Dem Lustprinzip müssen Grenzen gesetzt werden, um dem Individuum in der umgebenden Realität das Überleben und ein realistisches Maß an Lustgewinn zu sichern.

Nur Ich-Stärke ermöglicht daher Konstanz in den Beziehungen zu Menschen, Aufgaben und Sachen. Enttäuschungen können dann aufgefangen und Ziele festgehalten werden. Ein Ich-schwacher Mensch dagegen strebt sofortigen Lustgewinn an, auch wenn dies langfristig vielleicht unklug ist. Er kann Bedürfnisse nicht aufschieben. Hohes Anspruchsniveau ohne Durchhaltevermögen, die Unfähigkeit, Spannungen auszuhalten und eine geringe Frustrationstoleranz kennzeichnen ihn.[45]

Es liegt auf der Hand, daß Ich-Stärke in unserem Zusammenhang ein Schlüsselbegriff ist. Nur wer über genügend Ich-Stärke verfügt, kann Ziele wie die oben beschriebenen umsetzen. Jedes der in diesem Buch erwähnten Beispiele verlangt Ich-Stärke und Frustrationstoleranz. Sonst bleibt es bei löblichen, aber letztlich nutzlosen Absichtserklärungen, oder ein mit Enthusiasmus begonnenes Unternehmen wird bei den ersten, mit Garantie eintretenden Schwierigkeiten eingestellt.

Das Schöne am Schmetterlingseffekt ist, daß auch hier wieder gilt: jeder nach seinen Fähigkeiten. Es gibt keine heroischen Bedingungen, an die er geknüpft wäre, keine drakonische Schwelle der Ich-Stärke, um am Spiel teilzunehmen. Aber es braucht doch, um beim Bild zu bleiben, mindestens soviel Ich-Stärke, daß der Schmetterling wirklich mit den Flügeln schlägt.

Zweiter Teil

Schmetterling und Gesellschaft

Einleitung

Als Ausgangspunkt für diesen zweiten Teil meines Buches möchte ich einen Text aus einem kleinen Büchlein mit dem schauerlichen Titel *Kurs auf den Eisberg* benutzen.[46] Er soll gewissermaßen als Kondensationskeim für meine eigenen Gedanken dienen und mir die Möglichkeit geben, im Vergleich und im Kontrast zu seinen Aussagen das Verhältnis von Schmetterlingseffekt und Gesellschaft noch deutlicher herauszuarbeiten.

Das Büchlein protokolliert ein Interview, das Bernhard Moosbrugger «während einiger Tage intensiven Zusammenseins» mit dem Informatiker Joseph Weizenbaum in Cambridge, Massachusetts, geführt hat.

Joseph Weizenbaum war wie Edward Lorenz Professor am MIT, am Massachusetts Institute of Technology. Auch er war Computerexperte, allerdings einer, der sich mit dem Computer als solches und seiner Programmierung beschäftigte. Bekannt wurde er, als er sich als einer der ersten Fachleute öffentlich kritisch mit der Computertechnik und ihren Implikationen für unsere Gesellschaft und unsere Kultur auseinandersetzte und vor den Gefahren des Mißbrauchs und der Überschätzung des Computers warnte.

Ich sah Weizenbaum einmal in einer Fernsehsendung, die anläßlich eines Vortrags an einer deutschen Universität aufgezeichnet wurde. Der Saal war gerammelt voll, Studenten saßen dicht gedrängt, sogar auf der Treppe, und vorne stand ein älterer Mann, dem alle gebannt zuhörten. Mein erster Gedanke war: Da steht wahrhaftig der leibhaftige Einstein auf dem Podium, mit den ungekämmten weißen Haaren, dem buschigen Schnurrbart und den leicht unordentlichen Klamotten. Wahrscheinlich war es aber vor allem die Ausstrahlung Weizenbaums, die mich zu dieser Reaktion verleitete. Es war eine Mischung aus deutschem Gelehrten, kummervollem Philosophen und treuherzigem Hundeblick, die einen sofort berührte und einnahm. Er sprach ein langsames, amerikanisch gefärbtes Deutsch und wählte seine Worte sorgfältig, was ausgesprochen putzig klang. Wenn ich den Text des im folgenden zitierten Interviews lese, so habe ich diesen speziellen, etwas unbeholfenen Ton im Ohr.

Weizenbaum war ursprünglich deutscher Jude. Seine Familie mußte in den dreißiger Jahren nach Amerika auswandern. Dort studierte er Mathematik und geriet mehr zufällig in die Computerwissenschaften, die damals völlig neu waren. Zum ersten Mal kam er ins Gespräch, als er 1963 das berühmte Computerprogramm ELIZA entwickelte, welches in Anlehnung an die technisch besonders einfach imitierbare Gesprächstechnik von Rogers ein scheinbares Gespräch mit dem Computer (damals natürlich über die Tastatur eines Terminals) möglich machte. Die Erfahrung, wie viele Leute den Computer als Gesprächspartner durchaus ernst nahmen, ihm sogar intime Probleme anvertrauten, nur weil er über einige Tricks Anteilnahme simulieren konnte, waren für Weizenbaum Schock und Schlüsselerlebnis zugleich. So wurde er zum profilierten und berufenen Kritiker einer damals noch weit entfernt scheinenden «Computerworld».

Der gewählte Ausschnitt aus dem Interview ist wirklich sehr eindrucksvoll, und er paßt außerordentlich zu unserem Thema, ja er fordert die Erwähnung des Schmetterlingseffektes geradezu heraus.

5 Wunder oder Schmetterling

Kurs auf den Eisberg

Weizenbaum: Meiner Überzeugung nach sind wir heute alle Passagiere auf einer Titanic: Wir fahren auf einen Eisberg zu, aber es ist zu spät, das Steuer herumzureißen. Es ist uns einfach bestimmt, auf diesen Berg aufzufahren; das Schiff muß sinken. Können wir aber dennoch gerettet werden? – Ja, wir können gerettet werden, aber es ist ein Wunder vonnöten: Ich stelle mir nicht ein Wunder vor wie dasjenige des «Wandelns auf dem Wasser». Ich will ein Beispiel zu Hilfe nehmen, um die Art Wunder zu beschreiben, deren es bedarf: Zur Zeit des Bürgerkrieges waren in Irland zwei Frauen: eine Mrs. Corrigan und eine Mrs. Williams. Die eine war katholisch, die andere protestantisch. Nachdem nun in diesem Krieg schon soviel Blut vergossen war, beschlossen sie eines Tages, daß der Krieg aufhören müsse. Sie sagten: Unsere Kinder sterben, wir müssen ein Ende machen! Und der Krieg hörte auf. – Leider nicht für immer, nicht einmal für sehr lange, aber er hörte auf. (Die Frauen erhielten später den Friedensnobelpreis.)

Das Besondere an dem Wunder ist – es war tatsächlich ein Wunder –, daß es durch ganz einfache Menschen bewirkt wurde: Die Frauen hatten weder Rang noch Namen, nicht einmal in irgendeinem Schulkomitee waren sie.

So ähnlich stelle ich es mir mit dem Wunder vor, das uns noch retten kann. Durch den amerikanischen Präsidenten oder sonst irgendeinen Staatsmann wird es sich nicht ereignen. Vielleicht wird es ein Kind sein, eine alte Frau, irgendein einfacher Mensch! – Wir wissen es nicht.

Natürlich könnte man jetzt denken: Wenn da ein Wunder vonnöten ist, setze ich mich bequem zurück und warte halt! Oder ich mache so weiter wie bisher. – Weit gefehlt! Zunächst sollte man sich so verhalten, daß man das Wunder nicht verhindert (und damit ist schon viel gesagt). Dann ginge man dazu über, den Boden vorzubereiten für das Wunder (bloßes Zuschauen gäbe es da nicht mehr). Und weiter schritte man zu dem «vermessenen» Gedanken, daß man selbst derjenige sein könnte, durch den das Wunder geschieht (und das könnte bewirken, daß sich manches verwandelt).

Moosbrugger: Wenn dieser ganz einfache Mensch das Wunder wirken kann, kann ich nicht wissen, ob ich nicht selbst dieser einfache Mensch bin?

Weizenbaum: So meine ich es. – In der chassidischen Tradition – einer jüdischen religiösen Bewegung vor allem in Osteuropa, wo man bei Gottesdiensten tanzt und singt und so richtig feiert – hat man zu Gott ein ganz anderes Verhältnis: So vertraut ist diesen Leuten der Liebe Gott, daß sie ihn fast sehen können. Sie sprechen mit ihm auf die selbstverständlichste Weise oder klagen ihn sogar an. Der Rabbi, der chassidische Rabbiner, ist nicht nur sehr belesen und klug, sondern er ist ein heiliger Mann, ein Weiser, und er kann Wunder wirken. Nun kann man aber nicht Rabbiner werden wie zum Beispiel Priester oder Pastor: Der Rabbi wird von Gott berufen. Es sind immer Männer, die ein ganz einfaches, man könnte fast sagen dummes Leben führen, und mit 36 Jahren geht dann plötzlich der Ruf an sie.

Moosbrugger: Das ist dann eine Art von Wunder?

Weizenbaum: Ja, sie sind dann sogleich Rabbiner. – Gleich wie nun der junge Chassid nicht wissen kann, ob nicht er zu dieser Heiligkeit berufen ist, können auch wir nicht wissen, ob nicht wir zu Größerem ausersehen sind. Wir müssen die Möglichkeit zulassen.

84

Moosbrugger: Ein sehr schöner Gedanke!

Weizenbaum: Beifügen möchte ich noch – ungeachtet der großen Gefahr, in der wir uns befinden –, daß die sogenannte Ohnmacht des einzelnen eine Illusion ist. Vielleicht ist es die gefährlichste Illusion, die ein Mensch überhaupt haben kann.

Moosbrugger: Ich bin froh, daß Sie das sagen.

Weizenbaum: Gefährlich ist sie deshalb, weil sie sich erfüllen kann: Wenn man an etwas glaubt, kann das Geglaubte Wirklichkeit werden, auch wenn es nicht stimmt; man glaubt, man sei machtlos, und wird dann tatsächlich machtlos. Wir haben, Gott sei Dank, Beispiele, die uns beweisen, daß es eine Illusion ist. Der Vietnamkrieg ist ein solches: In Amerika leben ungefähr 250 Millionen Menschen, und vielleicht hunderttausend davon waren gegen den Krieg. Darunter gab es junge Leute, die sich zum Zeichen des Widerstandes die Haare nicht mehr kämmten. So fing das in Amerika an und führte schließlich dazu, daß der Krieg beendet wurde.

Ein anderes Beispiel nenne ich, weil ich es nicht für möglich gehalten hätte, daß es sich ausgerechnet in der Bundesrepublik zutragen werde: Als mit der Volkszählung begonnen wurde – ich war damals gerade in Deutschland –, gab es Leute, die sagten: Ich mach' da nicht mit. Nicht etwa, daß diese Leute irgendwie organisiert gewesen wären, zu Gruppen zusammengeschlossen! Es waren einzelne, die einfach nein sagten. In Amerika scheitern manchmal Pläne daran, daß die Leute nicht mitmachen; aber in einem Land mit dieser ausgesprochenen Tradition der Autoritätsgläubigkeit schien das unmöglich [...]

Moosbrugger: Ich denke auch an diese Frau in Birmingham, Alabama: Rosa Parks.

Weizenbaum: Ja, gewiß, sie war eine Schwarze, mittleren Alters, die von der Arbeit kam. Todmüde wie sie war, setzte sie sich im Autobus auf einen Platz, der nur für Weiße war. Darauf aufmerksam gemacht, ließ sie sich nicht vertreiben und löste mit ihrem Widerstand die Bürgerrechtsbewegung eigentlich aus. Ganz ohne es zu wollen, hat sie die Welt verändert, und ohne jede Absicht ist sie zur Heldin geworden.

Kurswechsel

Das Bild, welches Weizenbaum für den Zustand unserer Gesellschaft benützt, ist ebenso unheilschwanger wie einprägsam. Wir alle sitzen auf einem riesigen, ultraschnellen Ozeandampfer, der großen schornsteingeschmückten Titanic, die unausweichlich auf ihren Untergang zurast. Tatsächlich gibt es wohl niemanden, der sich nicht zuweilen gegen dieses fatale Gefühl wehren müßte, auf der dem Untergang geweihten Titanic zu sitzen. Es gibt allerdings einen subtilen Unterschied zwischen unserer eigenen Situation und jener der Passagiere der wirklichen Titanic. Wir rasen nämlich nicht etwa drauflos, weil wir die Gefahr noch nicht kennen oder weil wir uns in der falschen Sicherheit der Unsinkbarkeit unseres Schiffes wiegen. Das wäre ja noch einigermaßen erträglich, da ließe sich wenigstens noch unbeschwert das Leben genießen.

Nein, wir wissen ganz genau: Da draußen ist der große Eisberg, der Kurs ist genau auf ihn gerichtet, bald wird er dem Dampfer den Bug aufschneiden, und wir werden alle in den dunklen und eiskalten Tiefen des Meeres versinken.

Wir sind nahe, zu nahe am Eisberg. Da hilft kein Steuern mehr. Ein solch gigantisches Schiff muß schon viele Kilometer vorher die Ruder umlegen und die Maschinen drosseln, soll es das Hindernis rechtzeitig umschiffen. Nein, da läßt sich nichts mehr tun, das Schicksal nimmt buchstäblich seinen bösen Lauf.

Was bleibt uns da noch übrig als blanke Resignation! Da machen wir dann lieber ein riesiges Fest auf unserem todgeweihten Schiffskoloß, auf unserem stählernen Sarg, ein zynisches Gelage und Besäufnis, um zu vergessen, wie nahe der Abgrund eigentlich ist. Oder wir setzen uns still in eine Ecke und verfallen der Depression, das ist die andere Variante.

Oder, sagt Weizenbaum, wir hoffen auf das Wunder! Ein Wunder, welches den Kurswechsel in allerletzter Minute doch noch schafft, und in tiefster Erleichterung sehen wir die weißen Gletscherwände des gewaltigen Eisbergs in der Finsternis an uns vorübergleiten.

Freilich, an Wunder zu glauben ist doch etwas viel verlangt. Der Schmetterlingseffekt, das muß ich gestehen, ist mir da doch lieber.

Natürlich, der Naturwissenschaftler, ist man vielleicht jetzt versucht zu sagen. Warum kein Wunder, bitte schön. Weizenbaum hat doch absolut recht: Warum soll nicht gerade ich oder jemand anderer der auserwählte Wundertäter sein?

Der Schmetterlingseffekt ist mir trotzdem lieber. Vielleicht wäre er auch Weizenbaum lieber, hätte er ihn nur gekannt. Die Aussage jedenfalls ändert sich minimal, nur bekommt sie jetzt einen naturwissenschaftlichen Hintergrund. Freilich kann kein Schmetterling der Welt, und hätte er die Dimension eines Flugsauriers, die Titanic von ihrem Kurs abbringen. Denn diese, wir wissen es, ist ein Kind der linearen Technik und als solches immun gegen den schönsten Schmetterling der Welt.

Aber mit der Gesellschaft ist es durchaus anders! Sie ist, wie wir bemerkten, ein nichtlineares System. Ein richtiges Tummelfeld für den Schmetterling. Komm, kleiner Schmetterling. Der Eisberg droht. Ein Kurswechsel tut dringend not!

Rosa Parks

Was mich besonders fasziniert, sind die konkreten Beispiele, die Weizenbaum anführt. Sie machen den Schmetterlingseffekt auf gesellschaftlicher Ebene plötzlich sehr einleuchtend. Die Geschichte von Rosa Parks zum Beispiel. Diese Frau bewirkte doch tatsächlich eine Veränderung, einen Umsturz, wogegen das vom Schmetterling ausgelöste Gewitter in New York ein Nichts ist. Zur Zeit der schwarzen Bürgerrechtsbewegung war sie wirklich nicht mehr als ein schmetterlingshaftes Leichtgewicht, auch wenn ich sie mir vielleicht als dickleibige, schwitzende schwarze Matrone vorstelle, die sich kurzatmig und erschöpft auf den nächstbesten Bussitz arbeitete.

Dasselbe gilt für die beiden irischen Frauen, welche den Bürgerkrieg ihres Landes stoppten. Auch sie waren bestimmt keine Heldinnen und gewiß ohne Ambitionen als Massenagitatorinnen.

Man scheint hier in der glücklichen Lage zu sein, gesellschaftliche Gewitter bis zu jenem Schmetterling zurückverfolgen zu können, der sie auslöste. Gerade das ist allerdings sehr untypisch. Zwar schließt der Schmetterlingseffekt nicht aus, daß der Schmetterling selber von seiner Wirkung erfährt. Aber wenn man sich vergegenwärtigt, wie die Wirkung zustande kommt, nämlich durch verborgene, unter Umständen sehr komplizierte Katalyseschleifen, und dies dazu noch meist in einem äußerst komplexen System, dann ist es doch ausgesprochen unwahrscheinlich.

Insofern paßt übrigens auch das Gleichnis vom chassidischen Rabbi nicht zum Schmetterlingseffekt. Es paßt zwar genau zu der Vorstellung vom Wunder, wie sie Weizenbaum vertritt. Aber für den Schmetterlingseffekt stimmt es nicht. Es ist eben gerade nicht so, daß der Schmetterling darauf wartet, bis er dazu berufen wird, ein Gewitter zu erzeugen. Er schlägt ganz einfach mit seinen Flügeln, und in den allermeisten Fällen wird er kein Gewitter auslösen; tut er es doch, dann wird er davon nie erfahren.

Das Beispiel der Proteste gegen den Vietnamkrieg trifft da schon viel genauer zu. Irgendwie ist es rührend, in Gedanken den Weg zu jenem Menschen zurückzuverfolgen, der auf die absurde Idee kam, seine Haare aus Protest nicht mehr zu kämmen. Sicher war es irgendein Blumenkind der Hippie-Szene, das sowieso nicht viel vom Kämmen hielt. Theoretisch müßte man es tatsächlich ausfindig machen können. Praktisch aber darf man dies keineswegs so wörtlich auffassen. Am Anfang dieser Protestbewegung stand wohl vielmehr irgendein ganz unbedeutendes Ereignis. Vermutlich war es nicht direkt der Entschluß, sich die Haare nicht mehr zu kämmen. Es war irgendein winziges Signal, welches die Protestwelle auslöste. Aber, und das ist sehr wichtig, die Beteiligten an diesem Ereignis wußten nicht, was sie damit auslösten. Nie werden sie erfahren, daß sie den entscheidenden Kick gegeben haben. Sie taten es ohne Aussicht auf Erfolg und ohne Aussicht, dafür mit Ruhm, Bekanntheit oder sonstwie belohnt zu werden. Sie taten es einfach.

Das gilt übrigens auch für Rosa Parks und die beiden irischen Frauen. Zwar erlebten sie ganz konkret das Ergebnis ihrer Bemühungen. Die beiden irischen Frauen wurden sogar mit dem Nobelpreis ausgezeichnet. Entscheidend ist aber, daß sie die gewaltigen Konsequenzen, die ihre Handlung nach sich zog, überhaupt nicht voraussehen konnten. Auch sie taten einfach, was der Moment gebot, ohne Aussicht auf Erfolg, ohne Aussicht auf Berühmtheit. Hätten die beiden Irinnen gewußt, daß der Bürgerkrieg durch ihren Protest gestoppt würde, wäre ihre Aktion schon von vorneherein nobelpreisverdächtig gewesen. Dann könnte man allenfalls von einer Heldentat sprechen, aber nicht mehr vom Schmetterlingseffekt.

Aktuelle Beispiele

Wer die Lawine ins Rollen gebracht hat, lasse sich nicht mehr zurückverfolgen. «Wir wissen nicht», sagt Bauer Hans Heinrich Heusser, «wo der Kristall war, aus dem die Schneebälle wurden.»[47]

Kann es eine bessere Umschreibung dessen geben, was in solchen Momenten gesellschaftlicher Umbrüche geschieht, als sie der einfache Bauer mit seinem Bild des Kristalls, der zum Keim des Schneeballs wird, gegeben hat? Er beschreibt damit, wie es im Herbst 1995 zu einer Blockade mit Traktoren und andern Landwirtschaftsmaschinen kam, mit welcher Schweizer Bauern auf ihren ökonomischen Überlebenskampf und ihre Probleme mit den Großverteilern Coop und Migros aufmerksam machten. Daß diese unbekannten «Kristalle» keine Verbandsfunktionäre, sondern gewöhnliche Bauern waren, dafür legen die Beteiligten die Hand ins Feuer. Irgendwo fand ein erster Telefonanruf statt. Und plötzlich standen die Bauern mit ihren Traktoren vor den Verteilerzentralen und die Konsumenten vor leeren Lebensmittelregalen in den Kaufhäusern.

Was in der Schweiz im kleinen geschah, scheint in der ehemaligen DDR im großen geschehen zu sein. Eine «Chronik der Wende»[48] mutet wie die überlebensgroße Mehrfachillustration der «Kristall-Geschichte» an. Beim Lesen stieg in mir das Bild eines mächtigen Lavastroms auf, der sich unwiderstehlich seinem Ziel zu bewegt. So wie in einem solchen Strom die Glut schwelt und irrlichtert, hier und dort aufflammt und wieder verlöscht, um an einem andern Ort wieder aufzuflackern, genau so spielte sich die endlose Folge von Demonstrationen, Umzügen und Versammlungen ab, die ab Anfang Oktober 1989 das Land überzogen. Am 9. Oktober ziehen 70 000 Menschen durch die Leipziger Innenstadt. Am 15. Oktober demonstrieren 20 000 in Plauen und ebenso viele in Halle. Am Abend des 16. Oktober sind es sogar 120 000 in Leipzig, gleichzeitig

10 000 in Dresden und Magdeburg, 5000 in Halle und 3000 in Berlin. So geht das immer weiter und in immer schnellerer Folge. Am 23. Oktober sind es in Leipzig sage und schreibe 300 000 Menschen, die die Straßen füllen. Wer initiierte diese gigantischen Aktionen? Wer organisierte sie? Während der Zusammenbruch des politischen Systems der DDR begleitet wird vom Scheitern prominenter Namen, allen voran natürlich der Generalsekretäre des Zentralkomitees der SED, zuerst Erich Honecker und dann Egon Krenz, aber auch des mächtigen ZK-Sekretärs Günter Mittag oder des TV-Moderators des berüchtigten «Schwarzen Kanals», Karl Eduard von Schnitzler, tauchen im Zusammenhang mit dem Lavastrom der Bürgerbewegung kaum einzelne Namen auf. Der Leipziger Pfarrer Michael Turek vielleicht oder die Bürgerrechtlerin Bärbel Bohley, einige Kulturschaffende. Aber sie sind eher Sympathisanten, Sprachrohre. «Wir sind das Volk», skandiert die Menge und läßt keinen Zweifel daran, wer hier das Sagen hat. Das «Neue Forum», die politische Plattform, die sich innerhalb vier Wochen aus dem Nichts gebildet hatte, hütet sich davor, den basisdemokratischen Ansatz zu verlassen. Gruppen sollten sich nach wie vor spontan bilden und auch die Themen ihrer inhaltlichen Arbeit selber wählen. Eine parallele Bürgerbewegung mit dem Namen «Demokratie Jetzt» gibt doch tatsächlich eine Zeitung heraus mit – dem Schmetterlingssymbol als Kopf!

Ist da ein weiterer Kommentar nicht völlig überflüssig! Viel besser schaut man in Gedanken atemlos zu, wie diese Bewegung ohne Führung und ohne Hierarchie, scheinbar aus dem politischen Nichts, wie dieser Lavastrom des Volkes anschwillt und sich seinen Weg bahnt. Mit Appellen, Polizeieinsätzen oder anderen Repressalien läßt er sich nicht mehr aufhalten. Eine Bastion nach der andern fällt. Honecker tritt zurück, eine Amnestie für illegal ausgereiste DDR-Bürger wird durch den Staatsrat beschlossen. Das DDR-Fernsehen will jetzt «schnelle und wahrheitsgetreue Information» vermitteln, der Ministerrat, das Innenministerium machen Zugeständnisse. Der Lavastrom hat nunmehr auch die Klein- und Mittelstädte erreicht, breitet sich über das ganze Land aus. Massenhafte Rücktritte von prominenten und weniger prominenten Funktionären und Politikern erfolgen. In vier Wochen hat sich in der DDR mehr verändert als in vier Jahrzehnten zuvor. Schließlich tritt die Regierung zurück, dann sogar das Politbüro. Am Donnerstag, dem 9. November 1989, öffnen sich die Schlagbäume der Berliner Grenzübergänge, keiner weiß, wie es geschehen ist.

Ich habe mich mit dem Beispiel der Wende in Deutschland so lange aufgehalten, weil es so wunderschön und gut dokumentiert zeigt, worum es geht. Es gab bei diesem Schauspiel der Geschichte den großen Anführer nicht. Wer etwas unternahm, wer demonstrierte, sogar jene Grenzbeamten, die den Schlagbaum der Grenze öffneten, waren kleine, unbedeutende Leute. Sie handelten zunächst ohne Aussicht auf Erfolg, vielleicht sogar ohne den Erfolg wirklich zu suchen, jedenfalls nicht mit der Aussicht, daß nach ihrem Handeln die europäische Landkarte nicht mehr dieselbe sein würde.

Wir staunen über die Macht der Schmetterlinge. Aber ein wenig wundern wir uns doch. War da wirklich nur der Schmetterlingseffekt im Spiel? Wirklich nichts als der Schmetterlingseffekt?

6 Das Prinzip der Selbstorganisation

Warum gerade Rosa Parks?

Das Berliner Amtsgericht Tiergarten hat einen Autofeind am Mittwoch wegen Sachbeschädigung zu einer Geldstrafe von 750 DM verurteilt. Der 29jährige Michael Hartmann hatte im Juni vergangenen Jahres beim Übersteigen eines Fahrzeugs im Berliner Distrikt Kreuzberg eine Delle hinterlassen. Seit 1988 ist Hartmann nach eigenen Angaben aus Protest gegen den Autoverkehr über rund 2000 Autos spaziert, von denen die meisten falsch geparkt waren. [Das Gericht] hob [. . .] ein Urteil des Landgerichts München auf. Es hatte gegen Hartmann wegen gefährlichen Eingriffs in den Straßenverkehr zehn Monate Haft auf Bewährung verhängt.[49]

Die Quintessenz des Schmetterlingseffekts, die wir immer wieder betonen, findet sich darin, daß eine winzige Einwirkung auf ein komplexes System zu einer unkalkulierbar großen Veränderung führen kann. Rosa Parks setzte sich also auf den Platz im Bus, der für Weiße bestimmt war, und löste damit die Bürgerrechtsbewegung aus.

Aber wir fragen uns nun: Mußte sie dazu nicht zu einer ganz bestimmten Zeit an einem ganz bestimmten Ort sein? Wenn sie dasselbe am vorherigen Tag gemacht hätte, als sie auch müde war und als meinetwegen dieselben Leute wie am Tag X im Bus saßen: Hätte ihr Verhalten dann dieselbe, entscheidende Wirkung gehabt?

Man kann diese Frage auch auf andere Beispiele übertragen. War es ein ganz bestimmter Mensch, der sich die Haare nicht kämmte und damit den Vietnamkrieg letztlich beendete, oder hätte das damals jeder tun können?

Irgendwie muß doch wohl alles zusammenstimmen.

Mir liegt zum Beispiel der Umweltschutz sehr am Herzen, und manchmal leide ich extrem unter der Autoflut, die uns alle zudeckt und erstickt. Oft hat mich schon eine ohnmächtige, hilflose Wut ergriffen, und ich dachte mir dann lauter bösartige Dinge aus, zum Beispiel, daß ich nachts durch das Quartier schleichen und allen Autos die Reifen aufschneiden würde. Aber natürlich tat ich es dann nicht.

Vielleicht tat ich es nicht, weil mir der Mut dazu fehlte. Aber der Hauptgrund war sicher, daß ich genau weiß, daß ein solcher nächtlicher Raubzug außer einem Skandal in den Lokalblättern gar nichts bewirken würde. Gut, vielleicht würde ich überführt und dann von all den Autofetischisten dieser Welt gelyncht. Was aber den Umgang mit dem Auto betrifft, da bin ich mir völlig sicher, würde sich überhaupt nichts ändern.

Irgendwie, so vermuten wir, muß auch das System zu einer Reaktion bereit sein. Das System der amerikanischen Gesellschaft zum Beispiel war bereit, auf Rosa Parks zu reagieren. Wahrscheinlich war zuvor schon einiges geschehen. Viele Leute hatten sich bereits Gedanken über die Rassenfrage gemacht, viele waren unruhig. Andere waren überzeugt, daß es so nicht weitergehen könne, und wieder andere waren, um es mit Weizenbaum zu sagen, bereit dazu, das Wunder zu ermöglichen.

Dann erst kam Rosa Parks, todmüde und verschwitzt, fläzte sich auf den für Weiße reservierten Stuhl und, schwupps, schlug der Schmetterling mit den Flügeln. So ungefähr stellen wir uns das vor.

Schwester des Chaos

Im Rahmen des Schmetterlingseffekts gibt es dazu einiges zu bemerken. Es gibt zwei Perspektiven, unter denen man dieses Problem analysieren kann.

Da ist zunächst die Perspektive des Schmetterlings. Man

fragt gewissermaßen: Wo muß der Schmetterling sein, und wann muß er mit den Flügeln schlagen, damit er das Gewitter auslöst? Beim Stellen dieser Frage vergißt man einmal mehr, daß man es mit einem chaotischen System zu tun hat. Diese Frage ist eigentlich verboten oder besser: grundsätzlich sinnlos.

Ein chaotisches System ist, wie wir wissen, geradezu charakterisiert durch seine Unvorhersagbarkeit. Obwohl sein Verhalten durch die Gesetze der Physik völlig determiniert ist, könnte man ebensogut Würfel spielen, um seine Zukunft vorherzusagen. Die Frage, wo genau der Schmetterling eingreifen muß, um eine bestimmte Wirkung zu erzielen, ist also in einer fundamentalen Art sinnlos.

Solche essentiellen Grenzen sind in der modernen Physik übrigens gar nicht so selten. In der Quantenmechanik zum Beispiel ist die Frage, ob ein Elektron nun ein Teilchen oder eine Welle sei, genauso fundamental sinnlos. Fundamental sinnlos insofern, als nämlich gerade diese Sinnlosigkeit selber eine wesentliche Aussage über die Theorie beinhaltet. Nur wer diese Sinnlosigkeit gewissermaßen in ihrer ganzen Tragweite erfaßt hat, versteht die Theorie wirklich. In der Quantenmechanik sagt der erwähnte Wellen-Teilchen-Dualismus etwas Fundamentales über die Grenzen der Wahrnehmung aus. In das Resultat eines Experimentes geht immer auch der Beobachter mit ein. Der bis dahin unantastbare Mythos von der Objektivität des Experiments wird damit zerstört.

Die Chaostheorie zerstört den Mythos von der Voraussagbarkeit. Die Hybris der Behauptung von Laplace, er könne bei Kenntnis der Orte und Geschwindigkeiten aller Teilchen im Universum für alle Zeiten die Zukunft vorhersagen, wird entlarvt. Das Prinzip des Schmetterlingseffekts führt den freien Willen wieder ein.

Aber alles hat seinen Preis. Der Schmetterlingseffekt fordert dafür ein elementares menschliches Bedürfnis als Opfer, nämlich jenes, zu wissen, was eine Handlung für Konsequenzen haben wird. Wer weiß, was geschehen wäre, wenn ich die Autoreifen wirklich eines Tages aufgeschnitten hätte? Keine Angst, ich werde es nicht tun. Die Aussicht auf Erfolg, und zwar auf den von mir erhofften, daß nämlich dadurch ein Umdenken in der Verkehrspolitik ausgelöst werde, ist vergleichbar mit jener auf das große Los. Kein Verlaß auf diese Perspektive also, aber es gibt noch eine andere, jene des Wetters nämlich, also des Systems. Wir sprachen von der «Bereitschaft» des Systems, daß es gewissermaßen einen Prozeß durchläuft, der seine Bereitschaft steigert, bis der Schmetterlingseffekt einschlagen kann. Einen solchen Aspekt gibt es tatsächlich. Um ihn adäquat erläutern zu können, muß ich aber zunächst den Rahmen unserer physikalischen Überlegungen etwas erweitern.

Nichtlineare Systeme können sich nämlich nicht nur chaotisch verhalten, sondern auch sogenannt selbstorganisierend. Selbstorganisation ist gewissermaßen die Schwester des Chaos. Eigentlich kann man die ganze Macht des Schmetterlingseffekts nur erfassen, wenn man das Wechselspiel zwischen diesen beiden Phänomenen, zwischen Chaos und Selbstorganisation, verstanden hat.

Schnellkurs in Selbstorganisation

Stellen wir uns vor, wir machen ein einfaches physikalisches Experiment. Wir benützen dazu ein gewöhnliches Lämpchen, eine elektrische Leitung, mit der man dieses an den elektrischen Strom anschließt, und einen Transformator, mit dem sich die Stromstärke regeln läßt. Ich schlage vor, daß wir die Stromstärke langsam steigern, und wir werden es getrost tun, denn wir wissen genau, was wir zu erwarten haben. Das Lämpchen wird einfach heller und heller zu leuchten beginnen. Gleichzeitig wird es sich immer mehr erwärmen, bis schließlich vielleicht der Glühdraht durchbrennt und das kleine Experiment ein unspektakuläres Ende findet.

Wenn ich jetzt aber eine Schutzbrille abgeben und davor warnen würde, direkt auf das Lämpchen zu blicken, weil das Ding ab einer bestimmten Stromstärke Amok laufe, dann würde man wohl den Kopf schütteln und mich für verrückt erklären. Ein technikbegeistertes Kid würde dies allerdings nicht tun. Er würde vielmehr verständig mit dem Kopf nicken und sagen: «Ist wohl ein Laser, nicht wahr!»

Ein Laser ist eine Art Glas- oder Kristallstab, in den sogenannt optisch aktive Atome, zum Beispiel Chromatome, eingeschmolzen sind. Optisch aktiv heißen diese, weil sie Energie aufnehmen können und in Form von Lichtwellen wieder abgeben können. Verantwortlich dafür sind Elektronen in der Atomhülle, die sogenannte Quantensprünge ausführen.

Ein Laser ist der Inbegriff eines selbstorganisierenden Systems. Er ist ein Gerät, das sich bei niedriger Energiezufuhr zunächst ganz manierlich verhält. Ab einem gewissen Punkt aber, der sogenannten Laserschwelle, spielt er plötzlich verrückt und wird zu einem feuerspeienden Drachen. Könnte man in diesem Moment in sein Inneres blicken, so würde man lauter Atome sehen, die Lichtwellen ausschleudern, und zwar alle im Takt, so wie die Ruderer eines Rennbootes im Takt rudern. Oder, ein anderes Beispiel, wie eine riesige Menschenmenge, etwa bei einem Fußballspiel oder bei einer politischen Versammlung, die alle wie aus einem Mund einen Gesang oder eine Parole anstimmen.

Das Ergebnis ist in jedem Fall gewaltig. Das Boot wird davonschießen wie ein Pfeil, der Gesang wird einem die Gänsehaut über den Rücken jagen, und der Laserstrahl, nun, der ist nicht mehr zu vergleichen mit dem Licht einer Glühbirne. Aus ihm ist eine Lichtlanze von ungeheurer Länge und Energiedichte geworden, maximal gebündelt und kohärent, mit der man beispielsweise brennen, bohren, Informationen übermitteln oder sogar mit größter Präzision operieren kann.

Das Faszinierende ist nun, daß niemand diesen Atomen,

die da ihr Licht ausschleudern, den Takt angibt. Da ist kein Steuermann, der diese Ruderer anfeuert, und kein Vorsänger, der dieser Menge den Ton angibt. Auf geheimnisvolle Weise sind diese Atome alle peinlichst genau aufeinander abgestimmt, und zwar Milliarden und Abermilliarden von Atomen. Genau das ist Selbstorganisation.[50] Ich habe den Laser als Beispiel gewählt, weil es mir wichtig ist, daß man spürt, wie außergewöhnlich sich selbstorganisierende Systeme verhalten. Nicht alle von ihnen erscheinen äußerlich so spektakulär wie der Laser, aber innerlich sind sie es sehr wohl.

Kostbare Ordnung

Ihnen allen gemeinsam ist der jenseits einer bestimmten Grenze sprunghafte, ja gewaltige Anstieg der inneren Ordnung. Nehmen wir ein anderes Beispiel, die sogenannte Bénard-Instabilität. Es handelt sich dabei um einen besonders einfachen Fall von Selbstorganisation, der aber gerade im Zusammenhang mit dem Schmetterlingseffekt eine bedeutsame Rolle spielt.

Die Bénard-Instabilität kennt jedermann, der schon einmal eine Suppe gekocht hat. Erhitzt man nämlich eine Flüssigkeit von unten, so erwärmt sie sich zunächst einfach und strahlt an ihrer Oberfläche einen Teil der unten zugeführten Wärme wieder ab. Ab einer gewissen Schwelle aber genügt diese Art von Wärmetransport nicht mehr, und die Teilchen der Flüssigkeit beginnen sich plötzlich nach oben zu bewegen, man spricht von Konvektion. Das Spezielle ist nun, daß diese Konvektion nicht einfach ungeordnet vor sich geht. Die Teilchen drängen sich nicht etwa alle einfach so weit wie möglich nach oben (und andere werden dann nach unten geschoben), sondern es entstehen vielmehr zunächst Rollen und dann, im Verlauf von Stunden, honigwabenähnliche Zellen, an deren Rand die Teilchen aufsteigen und in deren Zentrum sie abfallen (oder umgekehrt).

Diese sogenannten Bénard-Zellen sehen zunächst einfach hübsch aus; wie spektakulär sie eigentlich sind, erkennt man erst vom Standpunkt der Ordnung aus. Es ist ähnlich wie beim Laser. Damit diese Zellen entstehen, müssen sich ungefähr 10^{21} Teilchen, das ist etwa eine Billion mal die Erdbevölkerung, völlig koordiniert verhalten, als ob sie eine alte englische Suite miteinander tanzen würden. Aber wohlgemerkt: ohne Musik, die den Takt angeben würde, und ohne Tanzmeister, der die Schritte vorführt! Die Sache ist aber noch erstaunlicher. Die Korrelation innerhalb der Bénard-Zelle findet über Distanzen von der Größenordnung von Zentimetern statt. Die Wechselwirkung zwischen Molekülen aber ist von der Größenordnung Ångström, das heißt 10^{-10} Meter. Übertragen auf unser Beispiel von der englischen Suite bedeutet dies: Die Tanzenden kommunizieren miteinander über Distanzen in der Größenordnung von Kilometern. Der Tanz als Ganzes müßte also über Distanzen in der Größenordnung von 10^{10} Metern stattfinden, das entspricht so ungefähr der Dimension unseres Sonnensystems. Wenn man sich diesen gigantischen Tanz vorstellt, soweit das überhaupt geht, dann hat man eine Idee davon, was Selbstorganisation heißt.

Chaos und Selbstorganisation sind Verwandte

Nun scheinen ja Chaos, auch deterministisches Chaos im Sinne der Physik, und Selbstorganisation gewissermaßen Gegensätze zu sein. In Wirklichkeit sind sie aber, wie ich schon sagte, eng miteinander verwandt. Der Grund dafür steckt darin, daß derselbe Mechanismus für die so unterschiedlich scheinenden Phänomene verantwortlich ist. Es handelt sich um das Prinzip der Iteration, der Schleifenbildung, mit der wir uns bereits auseinandersetzten. Während es im Bereich des Chaos dafür sorgt, daß minimale Unterschiede der Ausgangssituation unüberschaubar verstärkt werden, bewirkt es im Bereich der Selbstorganisation, daß kleinste Schwankungen des Systems von diesem als Ganzes Besitz ergreifen und neue, hochgeordnete Strukturen entstehen lassen.

Damit ist auch schon gesagt, daß selbstorganisierende Systeme nichtlinear sind, denn wie wir schon bei anderer Gelegenheit festhielten, äußert sich Schleifenbildung mathematisch in nichtlinearen Gleichungen, also im selben Typ von Gleichungen wie jenen, die chaotische Systeme beschreiben.

Wichtiger in diesem Zusammenhang ist aber die umgekehrte Aussage: Nichtlineare Systeme können sowohl chaotisches Verhalten wie auch das Verhalten der Selbstorganisation zeigen. Oft zeigen sie sogar beides. Welche der beiden Möglichkeiten zum Zug kommt, hängt dann von bestimmten Parametern ab. Steigert man zum Beispiel die Energiezufuhr, also den elektrischen Strom beim Laser,[51] so sendet er statt eines kontinuierlichen Laserstrahls plötzlich regelmäßige Laserpulse von extrem kurzer Dauer aus, Ausdruck eines neuen, höheren Zustands von Selbstorganisation. Steigert man die Energiezufuhr aber noch mehr, dann wird das Verhalten des Lasers plötzlich chaotisch, sein Verhalten ist zwar physikalisch völlig determiniert, aber trotzdem nicht mehr vorhersagbar.

Auch die von unten erwärmte Flüssigkeitsschicht kann nicht nur Bénard-Zellen zeigen, sie kann sich auch chaotisch verhalten. Hierbei ist der entscheidende Parameter die Temperatur. Je nach Temperatur der Heizplatte verhält sich die Flüssigkeit chaotisch oder selbstorganisiert.

Faszinierend ist nun folgende Überlegung: Man stelle sich ein nichtlineares System vor, das sich chaotisch verhält. Kleinste Veränderungen der Ausgangslage führen zu enormen Auswirkungen auf die Entwicklung des Systems. Wenn nun die Situation günstig für Selbstorganisation ist, das heißt wenn gewisse Parameter Werte annehmen, die dem System Selbstorganisation ermöglichen, wie zum Beispiel die Stromstärke beim Laser oder die Temperatur bei den Bénard-Zellen, dann genügt unter Umständen eine winzig kleine Störung, um diesen Prozeß der Selbstorganisation auszulösen.

Es ist dann so, als ob durch einen kaum merklichen Wink die Schöpferkraft des Systems geweckt würde und vor staunenden Augen eine Gestalt entsteht, die in ihrer Komplexität und Ordnung in keinem Verhältnis zum auslösenden Moment steht.

Rosa Parks physikalisch

Genau hier findet sich nun der Zusammenhang zur Geschichte von Rosa Parks. Wir können sie nun ungefähr folgendermaßen interpretieren. Das System «Gesellschaft» entwickelte sich immer mehr in Richtung Bereitschaft, die Rassenfrage zu lösen (obwohl man das so bestimmt eigentlich nicht sagen darf), die Spannung stieg und stieg, und es brauchte schließlich nur noch die müde Rosa Parks, gewissermaßen als Funke, der ins Pulverfaß fiel, nur daß sie keine destruktive Explosion in Gang setzte, sondern den konstruktiven Prozeß der Selbstorganisation.

Oder, um zurück zu unserem Schmetterlingseffekt zu kommen: Wir sprachen immer davon, daß der Flügelschlag des Schmetterlings zu einer vollkommen veränderten Wetterlage führen kann. Selbstorganisation kann auch beim Wetter eine eminent wichtige Rolle spielen. Bénard-Zellen zum Beispiel können in Form von Wolkenformationen am Himmel beobachtet werden. Falls die Wetterlage günstig ist, so kann der winzige Flügelschlag den Prozeß der Selbstorganisation in Gang setzen. Die winzig kleine Störung breitet sich dann auf das ganze Wettersystem aus, und es kann sich meinetwegen ein Wirbelsturm entwickeln, der über einen ganzen Kontinent fegt.

Dasselbe gilt für das Beispiel des Protestes gegen den Vietnamkrieg. Die gesellschaftliche Entwicklung bereitete den Boden. Informationen, Medien, Diskussionen veränderten die Stimmung und die Einstellung in der Bevölkerung. Und jetzt brauchte es nur noch eine einzelne Geste, die den großen Stimmungsumschwung, den Vorgang der Selbstorganisation auslöste.

Wenn wir uns nochmals auf den Laser zurückbesinnen, dann wird die Nähe der Analogie noch viel klarer. Sucht man nämlich beim Laser den Prozeß der Iteration, der die Selbstorganisation erst möglich macht, so wird man bei den optisch aktiven Atomen selber fündig. Diese senden ihr Licht aus, indem die Elektronen in der Atomhülle Quantensprünge ausführen. Die Elektronen der Atomhülle können sich nicht etwa überall in dieser Hülle aufhalten, sondern ihnen sind bestimmte Umlaufbahnen zugewiesen, auf denen sie sich bewegen können. Dort sitzen sie wie Vögel auf den verschiedenen Drähten einer Telefonleitung und können nur von einem Draht zum andern, nach oben oder nach unten, hüpfen. Hüpfen sie nach oben, nehmen sie ein bestimmtes Quantum Energie, elektrische Energie, Lichtenergie oder auch Wärmeenergie, auf. Hüpfen sie nach unten, geben sie ein analoges Energiepaket ab, in diesem Fall aber immer Lichtenergie. Die Frequenz ist durch die Größe des Sprungs bestimmt.

Führt man einem Laser nun Energie zu, so nehmen die Elektronen der Leuchtatome zunächst Energie auf, das heißt, sie hüpfen in höhere Umlaufbahnen der Atomhülle. Dort sitzen sie nun alle in Lauerposition und blicken auf den weit entfernten Kern hinunter. Man sagt, daß sie in angeregtem Zustand sind. Und nun geschieht etwas sehr Merkwürdiges. Irgend einmal wird eines der Elektronen sich entschließen, wieder auf eine tiefere Umlaufbahn hinunterzuspringen. Dabei wird es, wie eben besprochen, einen Lichtstrahl einer ganz bestimmten Frequenz abgeben. Dieser wandert nun durch den Glasstab des Lasers und wird irgend einmal auf ein weiteres Leuchtatom treffen. Auch dort sitzt ein Elektron weit oben in Lauerposition. Sobald der erwähnte Lichtstrahl auf dieses Elektron trifft, springt es ebenfalls in die tiefere Position und gibt einen zweiten, exakt gleichen Lichtstrahl ab. Aus einer Lichtwelle sind nun plötzlich zwei geworden, und zwar zwei einander in Frequenz und Richtung völlig gleiche Zwillinge. Man nennt diesen Prozeß, der die eintreffende Lichtwelle verdoppelt, stimulierte Emission, weil die Emission des zweiten Strahls durch das Auftreffen des ersten ausgelöst wird. Beide wandern weiter durch den Glasstab, bis sie je auf ein weiteres Leuchtatom treffen. Beide lösen dort je einen weiteren Quantensprung aus, und nun sind es vier exakt gleiche Lichtwellen, die durch den Glasstab des Lasers wandern. An dieser Stelle dürfte schon klargeworden sein, daß wir es wieder mit unserem ersten Beispiel von Iteration, dem Schneeballeffekt zu tun haben. Durch die stimulierte Emission wird die Lichtmenge jedesmal verdoppelt, dadurch schwillt sie in kürzester Zeit auf ungeahnte Größe an. Das Ergebnis ist denn auch entsprechend gewaltig. Ein mächtiger Lichtstrahl, bestehend aus völlig frequenzgleichen, kohärenten Lichtwellen: der Laserstrahl.

Es ist genau die stimulierte Emission, die uns den Brükkenschlag von physikalischen zu gesellschaftlichen Vorgängen liefert. In einer Menschenmenge zum Beispiel können wir uns einen zur stimulierten Emission ganz analogen Vorgang vorstellen. Nehmen wir die Menschenmenge in einem Fußballstadion. Die Menschen dort sind alle im wahrsten Sinne des Wortes in einem angeregten Zustand. Die Spannung vor dem Spiel ist groß, die Rivalitäten knistern, die Freude am Singen steigt, der Bierkonsum tut vielleicht das seine, um die Kehlen zu lockern.

Nun muß nur ein einziger Fan im Stadion damit beginnen, sein Schlachtlied zu singen. Sein Nachbar wird animiert und fällt grölend ein. Nun sind es schon zwei, die ihrerseits wieder zwei weitere Sänger anspornen. Der Gesang schwillt in Kürze an wie ein Laserstrahl, und es dauert nicht lange, und das ganze Stadion singt. Alle Fans singen koordiniert, aber ohne Dirigenten. Selbstorganisation.

Auch hier ist es übrigens nicht so, daß ein einzelner Fan bewußt das ganze Stadion zum Kochen bringen kann. Das läßt sich ganz besonders schön an einem andern, verwandten Beispiel, dem Klatschen des Publikums im Konzertsaal, ausprobieren. Wenn die Zuhörer von einer Darbietung ganz besonders begeistert sind, beginnen sie auf einmal rhythmisch zu klatschen. Das chaotische Muster des Beifalls springt in einen Zustand höchster Selbstorganisation. Wenn man nun selber bewußt versucht, einen solchen Vorgang auszulösen, wird man feststellen, daß es einem nicht gelingt. Man mag laut, leise oder rhythmisch klatschen, der Saal (jedenfalls wenn die Zuhörermenge genügend groß ist, so daß man sie nicht einfach dominieren kann) läßt sich nicht so simpel steuern. Und selbst wenn man einmal das Gefühl hat, der auslösende Faktor gewesen zu sein: so ganz gewiß ist man sich nie.

Was im Stadion oder im Konzertsaal geschieht, funktioniert auf gesellschaftlicher Ebene genauso. Zwar sind es meist keine Gesänge mehr, die so entstehen, aber Meinungen, gesellschaftliche Trends und Aktionen. Ob Mode oder Politik, der Prozeß der Selbstorganisation läßt, wenn das System entsprechend angeregt ist, in Kürze hochkoordiniertes Verhalten entstehen, ohne daß ein Dirigent vorhanden wäre, der den Takt angibt. Die Katalyseschleifen, die dabei die entscheidende Rolle spielen, sind natürlich im allgemeinen viel komplizierter als die direkte Stimulation im Stadion. Aber der grundsätzliche Mechanismus bleibt sich gleich. Im nächsten Kapitel soll über seine Macht nachgedacht werden.

7 Selbstorganisation im Spiegel der Gesellschaft

Boykott und bürgerlicher Ungehorsam

Noch unterschätzt Otto Normal-Boykotteur seine Marktmacht.[52]

Im Rahmen der Sozialwissenschaften gehören die von Weizenbaum angeführten Beispiele gesellschaftlicher Mechanismen in den Bereich von Boykott und «civil disobedience», bürgerlichem Ungehorsam. Es sind dies zwei Formen gesellschaftlicher Selbstorganisation, die bereits eine jahrhundertelange Tradition aufweisen.

Der Begriff des Boykotts geht auf den Namen des englischen Gutsverwalters Charles Cunningham Boycott zurück, der wegen seiner Härte gegenüber irischen Landpächtern verhaßt war. Er wurde «boycottiert», indem niemand mehr bereit war, bei ihm zu arbeiten, und niemand mehr die Produkte seines Betriebes kaufte. Daraufhin mußte er 1880 aus Irland auswandern.

Das Prinzip des Boykottes besteht in der Aufforderung, bestimmte Nationen, Menschen, Unternehmen oder Produkte zu meiden. Neuere Beispiele von Boykotten sind der Aufruf, keine Produkte des Schweizer Nahrungsmittelherstellers Nestlé mehr zu kaufen, weil dessen aggressive Werbung für Milchpulver das Stillen der Säuglinge in der Dritten Welt gefährdete, oder der Boykott von Früchten aus Südafrika zu Zeiten der Apartheid. Auch die Weigerung, Pelze zu tragen, die sich unter anderem gegen das grausame Abschlachten von Robbenbabys richtete, ist ein Beispiel für einen bekannten Boykott. Ein weiteres Beispiel aus der jüngsten Vergangenheit ist der Boykott von Shell im Zusammenhang mit der Ölplattform Brenton Spar. Der Konzern wollte den riesigen schwimmenden Schrotthaufen einfach in der Nordsee versenken. Eine weltweite Protestwelle und vor allem der Boykott seiner Tankstellen ließen ihn schließlich von diesem Vorhaben absehen. Boykotte können ganz außerordentlich wirksam sein und die boykottierte Institution empfindlich treffen. Nach dem bisher Gesagten ist klar, daß dahinter der Mechanismus der Iteration steckt. Wenn ein einziger Mensch keine Schildkrötensuppe mehr ißt, dann ist das nur für ihn selber von Bedeutung. Wenn er aber andere mit seinem Verhalten «ansteckt», dann kann das für den Suppenhersteller rasch bedrohliche Formen annehmen. Die Macht der Iteration zeigt sich zum Beispiel darin, daß sich während der Auseinandersetzung um die französischen Atomtests auf dem Mururoa-Atoll zeitweilig jeder vierte Deutsche am Boykott französischer Produkte beteiligte.[53] Obwohl Frankreich zunächst scheinbar unbeeindruckt weitere Atomtests veranstaltete, wurden letztlich doch nicht so viele durchgeführt, wie ursprünglich geplant waren. Natürlich läßt sich auch hier nicht definitiv bestimmen, was letztlich zum Abbruch der Testserie geführt hat. Die Reaktion der öffentlichen Meinung war aber bestimmt ein wesentlicher Faktor.

Genau wie der Boykott benützt auch der zivile Ungehorsam die Möglichkeit spontaner gesellschaftlicher Selbstorganisation. Der Hinweis auf Rosa Parks hat tatsächlich eine tiefere historische Bedeutung, denn der zivile Ungehorsam entwickelte sich ursprünglich aus dem langen Kampf gegen die Sklaverei in den Vereinigten Staaten von Amerika. Es war der «Fugitive Slave Act», den die Südstaatler durch das US-Parlament drückten, der 1850 zum ersten Appell zum zivilen Ungehorsam führte. Sämtliche Bürger und Behörden der Vereinigten Staaten wurden darin verpflichtet, geflohene schwarze Sklaven wie entlaufenes Vieh einzufangen und dem rechtmäßigen Besitzer wieder zurückzugeben. Der Literat Henry David Thoreau formulierte damals den Grundsatz zivilen Ungehorsams: «Wenn das Gesetz dich zum Arm des Unrechts macht, dann, sage ich, brich das Gesetz.»

Diese Devise war bei den pazifistischen Protesten gegen den Vietnamkrieg im Spiel, beim Prager Frühling und bei den Studentenbewegungen in den sechziger und achtziger Jahren. Und auch der Kampf gegen die Sklaverei fand seine Fortsetzung im Kampf gegen die Rassentrennung in Kirchen, Schulen und Autobussen im Rahmen der schwarzen Bürgerrechtsbewegung.

Alle diese Ereignisse sind Beispiele zivilen Ungehorsams. Es ist aber, und das scheint mir wichtig, nicht dieser Ungehorsam als solcher, der ihnen eine derartige Macht verlieh. Dahinter steckt immer das Prinzip der Iteration. Wenn einer allein sich einer unrechten Sache verweigert, so ist das nur seine eigene Sache. Wenn sich diese Verweigerung aber wie ein Steppenbrand ausweitet, dann wird sie zu einer unwiderstehlichen Macht. Die Macht der gesellschaftlichen Selbstorganisation. Die Macht von unten.

Ob der zündende Funke für den Kampf gegen die Rassentrennung nun Martin Luther King oder Rosa Parks hieß, ist letztlich unerheblich. Auch Martin Luther King war, trotz seiner Popularität und seines immensen Einflusses, letztlich, bildlich gesprochen, nichts als ein Schmetterling. Er hätte mit seiner ganzen Persönlichkeit und Sprachgewalt nichts ausrichten können, wenn nicht die gesellschaftliche Bereitschaft zur Selbstorganisation dagewesen wäre.

Ich möchte diesen letzten, wichtigen Punkt noch an einem andern Beispiel von zivilem Ungehorsam illustrieren. Es geht um einen der «geistigen Väter» Martin Luther Kings, um Mahatma Gandhi. Gandhi las 1908 im britischen Gefängnis von Durban (Südafrika) die Ungehorsamsschrift von Thoreau und entwickelte später sein Prinzip des gewaltlosen Widerstands, welches letztlich zur Befreiung Indiens aus britischer Kolonialherrschaft führte. Trotzdem ist Gandhi nicht der «Befreier Indiens» und hat sich selber auch nie so gesehen. Seine Vision war der gewaltfreie, unblutige, ja liebevolle Aufstand des ganzen Volkes. Und weil er selber die Rolle des Schmetterlings nie verließ, nie danach trachtete, seinen Einfluß zum Aufstieg auf der Karriereleiter zu mißbrauchen, lief er auch bis zu seinem gewaltsamen Tod 1948 nie Gefahr, seine eigenen Visionen zu korrumpieren. Nicht zufällig bildete sich dann im Verlauf der Zeit um seine Person ein ähnlicher Mythos wie um Franz von Assisi, der sich ein Leben lang gegen die hierarchischen Tendenzen in dem auf seinen Namen gegründeten Orden auflehnte.

Greenpeace

Verglichen mit der Macht der Multis sind wir wie eine Fliege an einem 100 Meilen langen Strand. (David McTaggart)[54]

Dieses Zitat stammt von David McTaggart, dem Greenpeace-Pionier und Ehrenpräsidenten dieser Organisation, und zeigt, daß Greenpeace durchaus in dieses Buch gehört.

Greenpeace hat die alten Formen des zivilen Ungehorsams und des Boykotts übernommen und in eine medien- und zeitgerechte Variante überführt. Tatsächlich waren die ursprünglichen Greenpeacer durch ihre Herkunft zu diesem Schritt prädestiniert. Sie rekrutierten sich aus der Hippie-Bewegung, und die meisten von ihnen waren nach Kanada übersiedelte US-Amerikaner, die sich und ihren Söhnen den Einsatz im Vietnamkrieg ersparen wollten.

Die ersten Aktionen der Ur-Greenpeacer waren eine ausgesprochen romantische Angelegenheit. Die lockere Gruppe Gleichgesinnter stach mit alten Kuttern in See, um sich mit amerikanischen Militärs oder japanischen Walfangflotten anzulegen. Daß sie dabei das chinesische I Ging über den einzuschlagenden Kurs befragten oder mit der Querflöte Grauwale anzulocken versuchten, entsprach durchaus ihrer Lebensauffassung.

Die Welt war fasziniert von ihrem Auftreten. Auch wenn alte Brummbären wie der Film-Cowboy John Wayne über die «kommunistische Saubande» schimpfte, konnten sich wenige dem Charme des kleinen David entziehen, der den

Großmächten und Großkonzernen so unverschämt auf der Nase herumtanzte. Als dann schließlich im Sommer 1976 der Cree-Medizinmann Fred Mosquito Greenpeace den Totemring des Stammes überreichte, weil die Cree-Indianer in dieser Organisation die legendären Regenbogenstreiter für die Zukunft der Erde erkannt zu haben glaubten, war der Mythos Greenpeace geboren.

Die Methoden von Greenpeace sind spektakulär, und die Erfolge lassen sich sehen. Ob sie nun vor der Ölplattform Brenton Spar mit ihren Schlauchbooten den Fontänen der Wasserwerfer trotzen oder sich vor dem Bayer-Werk in Leverkusen von der Rheinbrücke abseilen, ob sie 5000 Kreuze vor einem Kernkraftwerk in der Slowakei aufstellen oder den Schornstein eines Braunkohlekraftwerks in Deutschland besteigen, immer hält die Welt den Atem an. Und oft wird der Gegner in die Knie gezwungen, nach dem Motto: Wie immer haben die Kleinen die Schlacht verloren; den Krieg aber werden sie, wie immer, gewinnen. Ob nun die Franzosen vor mehr als zwanzig Jahren ihre Atomtests über der Erde aufgeben mußten oder ob der deutsche Bayer-Konzern die Versenkung von Chemieabfällen in der Nordsee einstellen mußte, stets wurde der Mythos vom siegreichen David, vom Hoffnungsträger im Zeichen des Regenbogens, vermehrt.

Inzwischen ist Greenpeace zur einflußreichsten Umweltorganisation der Welt geworden. Sie hat Ausgaben von Millionen von Dollars und nimmt Spenden von der gleichen Größenordnung ein. Der Verband ist zu einer straff organisierten Mega-Organisation geworden, für die etwa 1000 Menschen weltweit arbeiten und die sich wie eine Firma auch nicht scheut, bei Bedarf Profis auf dem Job-Markt zu rekrutieren. Die Kritik ist denn auch nicht ausgeblieben. Wer kontrolliert Greenpeace, wird gefragt. Greenpeace sei selber zum Öko-Goliath herangewachsen, wird kritisiert, Greenpeace werde seinen Gegnern immer ähnlicher. Sogar vom McDonald's der Umweltszene wurde gesprochen, was sich wohl auf die Art und Weise bezieht, wie

Greenpeace es versteht, Werbung und Medien für die eigene Expansion zu benutzen. Es kann hier nicht darum gehen, Stellung zu dieser Auseinandersetzung zu nehmen. Zwar ist es spannend zu beobachten, wie dieser Konflikt zu Reformbemühungen innerhalb der Organisation selber führt. Aber im Zusammenhang mit diesem Buch geht es nur darum, darauf hinzuweisen, daß gerade dieser Konflikt auf die ursprüngliche Herkunft von Greenpeace zurückweist. Greenpeace darf vermutlich nicht selber zu einer Macht, zu einem Multi der Ökoindustrie werden. Die einzige Macht, die Greenpeace zusteht, weil sie nicht korrumpiert, ist jene der gesellschaftlichen Selbstorganisation. Die Idee, solche Prozesse mit einer professionellen Organisation anzukicken und alle Möglichkeiten einer modernen Welt mit ihrer Technik und ihren Medien dafür auszuschöpfen, hat gleichzeitig etwas Abstoßendes und etwas Faszinierendes. Sie mag auch durchaus genial und schlagkräftig sein. Die Erfolge von Greenpeace beweisen es. Aber sie darf nicht dazu verführen, die Grundgesetze eines solchen Mechanismus aus den Augen zu verlieren. Wer Initialzündungen zur gesellschaftlichen Selbstorganisation geben will, muß den Anspruch auf Steuerung und Manipulation aufgeben. Er muß sich bewußt sein, daß er den Entscheid, in welche Richtung das System sich entwickelt, diesem selber überlassen muß. Schon die Initialzündung selber muß die Niederlage einkalkulieren. Dem System muß zugestanden werden, daß es zur Reaktion bereit ist oder auch nicht. Und außerdem muß akzeptiert werden, daß die Entwicklung selber einen ganz andern Verlauf nehmen kann als ursprünglich vorgesehen. Nur wer dazu in der Lage ist, kann eine konstruktive Rolle spielen.

Wer aber nicht mehr zurückstehen kann, wer zum Erfolg verdammt ist, wer nur noch Entwicklungen in seinem Sinn akzeptieren kann und zum Erreichen seiner Ziele eine riesige Maschinerie aufbaut (die er dann selber unterhalten muß), verläßt das Konzept des Schmetterlingseffekts. Vielleicht mag auch er Erfolg haben, wer weiß. Viel eher läuft er dann aber Gefahr, zu einem Machtfaktor wie viele andere Machtfaktoren zu werden. Der Vorwurf an Greenpeace, dem Gegner immer ähnlicher zu werden, ist daher vielleicht sehr viel tiefgreifender, als er überhaupt gemeint war. Wenn er nicht gehört würde, stände tatsächlich die Greenpeace-Idee in ihrer ursprünglichen Form auf dem Spiel.

NGOs

Im Schatten von Greenpeace kämpfen Tausende weiterer «Nichtregierungsorganisationen», im UNO-Jargon «NGOs» genannt, für Klimaschutz und Menschenrechte, gegen Walfang oder Waffenhandel. Je häufiger die Politik bei der Bewältigung der Zukunftsfragen des Planeten versagt, desto mehr Einfluß gewinnt die Neue Internationale der Weltbürgerinitiativen.[55]

Ich habe Greenpeace einen ganzen Abschnitt gewidmet, nicht weil ich diese Organisation besonders vorziehe, sondern weil sie der bekannteste Vertreter einer neuen Spezies, der sogenannten NGOs, ist. Wenn ich im folgenden einige Beispiele für solche «Non-Governmental Organizations» aufzähle, so gilt dafür dasselbe. Sie sollen nicht speziell herausgehoben werden. Obwohl mir viele ihrer Ziele persönlich nahe sind, kann es hier nicht darum gehen, zu ihren Absichten und ihren Methoden Stellung zu nehmen. Wichtig scheint vielmehr, auf einen neuen Trend hinzuweisen und ihn im Rahmen unserer Thematik der gesellschaftlichen Selbstorganisation zu interpretieren. Politik und Regierungen, offizielle und hierarchisch organisierte Institutionen werden schwächer und verlieren an Bedeutung. Die sogenannte «Graswurzelbewegung» (Basisbewegung), antihierarchisch organisierte, von einem neuen Typus des Menschen, vom verantwortlichen Weltbürger getragene Bewegungen beginnen unsere Zukunft zu gestalten. Gerade was das Verhältnis zum Hierarchiegedanken anbe-

111

langt, gibt es übrigens sicher typischere NGOs als gerade Greenpeace.

Der große Schritt vom zivilen Ungehorsam zu den NGOs, es wurde schon im vorangehenden Abschnitt über Greenpeace betont, ist die Organisation und die Professionalität. Es geht nicht mehr nur um spontanen Protest, sondern um professionell inszenierten Widerstand. Das ist neu und verleiht Themen wie Umwelt, Flüchtlingshilfe, Frauenrechte und Armut, die durch hierarchisch organisierte Regierungsapparate nur zu oft vernachlässigt werden, neue Durchschlagskraft. NGOs bauten in den letzten Jahren unter der Ebene der staatlichen Politik ein weltumspannendes Netz der Zusammenarbeit auf. NGOs sind, und damit kommen wir wieder zu unserem Thema, Beispiele für gesellschaftliche Selbstorganisation auf verschiedenen Ebenen. Zunächst beruhen sie selber, ihre Entstehung, auf diesem Prinzip. Initiiert von vielleicht wenigen Überzeugten, breitet sich ein Gedanke nach dem Prinzip der Iteration aus, und eine Organisation entsteht, ohne Zwang, ohne straffe Führung, über das machtvolle Prinzip der Selbstorganisation. Aber auch die NGO als solche, als Einheit, führt ihrerseits über iterative Prozesse wieder zu weiterer gesellschaftlicher Selbstorganisation. Wie machtvoll dieser Prozeß ist, zeigen allein schon die Zahlen. Inzwischen gibt es nämlich nicht nur Tausende, sondern buchstäblich Hunderttausende von NGOs, und ein Ende dieser Entwicklung ist nicht abzusehen. Der nächste Schritt ist bereits geschehen, indem ungefähr zweitausend dieser Organisationen bei der UNO akkreditiert sind. Sie erhalten damit das Recht, Statements abzugeben, dürfen ihre «papers» an die Delegierten abgeben und werden häufig sogar als Ideengeber inoffiziell schon in die Vorbereitungen von UNO-Konferenzen integriert. Welch machtvolles, weltumspannendes Element sich aus dem Keim der Bürgerinitiativen entwickelt hat, zeigt anschaulich die NGO-Frauenkonferenz in Peking 1995. Wenn man diese Konferenz etwas mitverfolgte, dieses friedliche und farbige Zusammentreffen von Frauen aus aller Welt, dann hatte man übrigens auch eine Illustration dessen vor Augen, was ich in einem andern Kapitel bereits andeutete. Vielleicht gibt es heute für Frauen wirklich mindestens ebenso attraktive neue Organisationsformen wie graubefrackte Parlamente, und vielleicht werden sie damit schon bald mindestens genauso einflußreich sein wie diese.

Beispiele von NGOs

Eine der bekanntesten NGOs neben Greenpeace ist Amnesty International, die sich allein 1994 für mehr als 8000 Frauen und Männer einsetzte, die Opfer von Menschenrechtsverletzungen waren. Ähnlich wie Greenpeace macht diese Organisation immer wieder durch spektakulär inszenierte Aktionen auf sich aufmerksam, aber ebenso wie Greenpeace arbeitet sie auch hinter den Kulissen zäh für ihre Ziele als Gefangenenhelfer.

Fast ebenso bekannt ist die Organisation «Ärzte ohne Grenzen». Diese Organisation ist bei allen großen Kriegen und Katastrophen dabei, um auch dort noch Hilfe und medizinische Versorgung anbieten zu können, wo die großen internationalen Hilfsorganisationen die Fahnen gestrichen haben. Die Ärzte ohne Grenzen verkörpern das Ideal, daß Menschlichkeit letzten Endes doch stärker ist als die Kräfte von Tod und Zerstörung. Und doch müssen sie immer wieder vor Mord und Totschlag kapitulieren, so daß sich innerhalb der eigenen Reihen der Ruf nach gewaltsamer Durchsetzung der Gerechtigkeit regt. Eine verständliche und gefährliche Tendenz, mit der sich bestimmt viele NGOs auseinandersetzen müssen.

Eine weitere große NGO sind die 1981 gegründeten Peace Brigades International (PBI), die «Internationalen Friedensbrigaden», die sich zum Ziel gesetzt haben, jenen Menschen beizustehen, die bedroht und verfolgt sind. In Ländern, in denen Gewalt regiert, wollen die Freiwilligen-

Teams der Organisation, die sich auf Gandhi beruft, «bedrohte Personen und Gruppen persönlich begleiten und so das Risiko von Angriffen vermindern». Buchstäblich wie Schutzengel nützen die Friedensbrigaden ihre relative Unverletzlichkeit als Ausländer und bieten Schutz durch Anwesenheit für alle, deren Leben bedroht ist durch Polizei, Militär oder Todesschwadronen.

Terre des Hommes, ein letztes Beispiel. Fast jedes Land der Welt verbietet Kinderarbeit. Trotzdem müssen geschätzte 100 bis 200 Millionen Kinder täglich härteste und oft entwürdigende Arbeit verrichten. Orangen und Kaffee pflücken, Diamanten schleifen, Gold waschen. In den Teppichmanufakturen Indiens, Nepals und Pakistans arbeiten gegen eine Million Kinder unter 14 Jahren pausenlos und ohne den gesetzlichen Mindestlohn. In Thailand werden Mädchen im Alter von zehn oder zwölf Jahren von Touristen mißbraucht, manchmal von zehn Männern am Tag. Weil sie dafür einige Münzen bekommen, heißt der Vorgang nicht Vergewaltigung, sondern Prostitution. Gegen solche entsetzlichen Mißstände agiert Terre des Hommes auf zwei Ebenen. Durch direkte Hilfe im Süden und durch Aufklärung und politischen Druck im Norden. In den Teppichmanufakturen zum Beispiel führt sie eine Kampagne gegen Kinderarbeit und versucht ein Gütesiegel zu etablieren, welches Teppiche auszeichnet, die nicht in Kinderarbeit entstanden sind. In Thailand fördert die Organisation gezielt die Berufsausbildung von Mädchen, um dem Verkauf der Töchter vorzubeugen.

Es gibt fast unendlich viele weitere Beispiele. WWF, Gesellschaft für bedrohte Völker, Food First (für das Recht des Menschen, sich zu ernähren), Ärzte für Umweltschutz und wie sie alle heißen, gehören immer noch zu den Großen. Genauso wichtig sind die zahllosen Kleinen, die Aufgaben wahrnehmen, die von den Regierungen dieser Erde vernachlässigt oder sogar ignoriert werden, zum Teil in Zusammenarbeit mit diesen Regierungen, zum Teil gegen sie, zum Teil an der Öffentlichkeit, zum Teil im verborgenen der Anonymität. 27000 von ihnen gibt es heute in Chile, 10000 in Bangladesh, allein 54000 in Frankreich. Und alle bestehen ihrerseits aus vielen Menschen, die guten Willens sind. Ist das nicht ein Grund, um an die Zukunft unseres Planeten zu glauben?

Wo bleibt der Schmetterling?

Fast scheint es, als ob wir unser altes Bild des Schmetterlings ein wenig aus den Augen verloren hätten. Angesichts des gewaltigen Mechanismus der Iteration und des überwältigenden Mechanismus der Selbstorganisation, der die einzelnen Elemente eines Systems in ihrem Verhalten koordiniert, scheint es für den Schmetterling keinen Platz mehr zu geben.

Wenn man sich auf die Theorie der Selbstorganisation zurückbesinnt, merkt man aber sofort, daß dem keineswegs so ist. Der Anfang eines selbstorganisierenden Prozesses wird nämlich, wie wir schon früher dargestellt haben, durch eine winzige Schwankung gemacht. Diese wird dann, wenn die Randbedingungen des Systems dafür günstig sind, durch Rückkoppelungsschleifen lawinenartig verstärkt und ergreift Besitz vom ganzen System. Genau an diesem Anfang, bei der ersten kleinen Schwankung, finden wir wieder den Schmetterling und das, wofür er eigentlich symbolisch steht: das Chaos. In der Sprache der Theorie der Selbstorganisation stellt sich die Situation folgendermaßen dar. In der Nähe des Punktes, wo die Selbstorganisation eines Systems einsetzt, wird das System meist chaotisch. Kleinste Veränderungen bestimmen nun seine Entwicklung in unvorhersagbarem Maß, und es ist jene unter Umständen winzig kleine Fluktuation, die verstärkt wird, welche schließlich die Zukunft des selbstorganisierenden Prozesses bestimmt.

Es ist genau dieses subtile Zusammenspiel von Chaos und Selbstorganisation, welches, wie man heute annimmt, einem System den konstruktiven Prozeß von Anpassung und Gestaltung ermöglicht, der als Evolution bezeichnet wird.

Das Prinzip des Chaos bringt die Flexibilität des Systems ein, das Spiel zwischen vielen Möglichkeiten, potentiellen Biographien. Aber das Chaos allein ist nicht kreativ. Beispiel für eine rein chaotische Bewegung ist der Flug eines Ballons, aus dem die Luft entweicht. Ein solcher Ballon pfurrt sinn- und zwecklos durch die Gegend, einmal hierhin, einmal dorthin, und er kann am Ende irgendwo landen, dort, wo er startete, aber auch geradesogut an einem ganz andern Ort. Jede zufällige Einzelheit, eine Unregelmäßigkeit im Material, die Schrift auf der Gummihaut, ein kleiner Luftzug, wirft ihn aus der eben eingeschlagenen Bahn. Ein solches chaotisches System, welches derart sensibel auf jede noch so kleine Störung reagiert, scheint niemals eine sinnvolle Entwicklung durchmachen zu können. Es braucht zusätzlich das gestalterische Prinzip der Selbstorganisation, welches dem System Stabilität gibt und eine Struktur über längere Zeit aufrechterhalten kann. Dieser Stabilität ihrerseits wohnt wieder die Gefahr des Verharrens inne. Sie muß dadurch durchbrochen werden, daß das System wieder in den Bereich chaotischen Verhaltens gerät, worin wiederum viele Möglichkeiten der Weiterentwicklung angedeutet werden. Eine dieser winzigen Fluktuationen wird dann wiederum in einem neuen Prozeß der Selbstorganisation das ganze System ergreifen. Welche der Fluktuationen es sein wird, läßt sich wiederum nicht vorhersagen. Allerdings haben die Randbedingungen, in denen ein solches System sich befindet, ein gewichtiges Wort mitzusprechen. Sie helfen mitzuentscheiden, welche Fluktuation sich gewissermaßen durchsetzt, selektioniert wird. Genau darin gründet die Fähigkeit des Systems, sich in seiner Evolution der Umgebung anzupassen.

Schmetterling im Kopf

Derb schlug die männliche Politikerwelt wiederholt auf Wangari Maathai ein. Präsident Daniel Arap Moi etwa bezichtigte sie, «Insekten im Kopf» zu haben, also nicht normal zu sein.[56]

Auf den gesellschaftlichen Prozeß der Selbstorganisation bezogen bedeuten die Überlegungen des vorangehenden Abschnitts, daß theoretisch ein einzelner Mensch eine winzige Fluktuation bewirken kann, die sich über einen Iterationsprozeß lawinenartig verstärkt und auf das ganze System, oder mindestens auf ein Untersystem desselben, verbreitet.

Tatsächlich gibt es sogar verschiedene prominente Beispiele von NGOs, an deren Anfang mehr oder weniger eine einzelne Person stand. Die NGO «Ärzte ohne Grenzen» zum Beispiel geht auf den französischen Arzt Bernard Kouchner zurück. Entsetzt über die Grausamkeit des Biafrakrieges, gelang es ihm, die linke französische Intellektuellenszene wachzurütteln. Ein Dampfer wurde ausgerüstet, der im Südchinesischen Meer vietnamesische Boat people aufnehmen sollte. Im Jahr 1971 wurden dann 180 Ärzte und Krankenschwestern ins Überschwemmungsgebiet des heutigen Bangladesh geschickt. Das Konzept der «Ärzte ohne Grenzen» war geboren.

Der Gründer von Terre des Hommes ist der Schweizer Journalist Edmond Kaiser, der 1959, aufgeschreckt durch die Grausamkeit des französischen Kolonialkrieges gegen Algerien, ein Hilfsprogramm für nordafrikanische Kinder startete. Den Namen des Hilfswerks inspirierte der Schriftsteller Antoine de Saint-Exupéry: Terre des Hommes – Erde der Menschlichkeit. Sicher gibt es noch viele andere Beispiele. Ich möchte mich hier auf ein letztes beschränken. Die Green Belt Movement (GBM), die Grüngürtelbewegung, ist eine NGO in Kenia, die zunächst lediglich Arbeitsplätze beschaffen wollte, dann aber zur ersten grünen, überwiegend von Frauen getragenen Initiative in Afrika

wurde. Sie ist eine Muster-NGO mit allen Zeichen unge-
störter Selbstorganisation, basisorientiert und selbstver-
waltet. Tausende von Mitarbeitern haben mittlerweile 30
Millionen Bäume gepflanzt, grüner Widerstand gegen das
Absinken des Grundwasserspiegels und die Bodenerosion.
Gleichzeitig schafft die Bewegung Arbeit für Tausende,
Wildhüter, Beobachter, Förster, Arbeiter, und hat den beteiligten Menschen zu der Einsicht verholfen, daß sie sich
um sich selber kümmern können. Die GBM ist heute erfolg-
reicher als viele ausländische Hilfsorganisationen in Afrika.
Am Anfang dieser segensreichen Bewegung steht eine
einzelne Frau: Wangari Maathai. Mitte der siebziger Jahre
kandidierte ihr damaliger Ehemann bei den Parlaments-
wahlen und versprach, um sich Stimmen zu sichern, in den
Slums Bäume zu pflanzen. Wangari Maathai machte daraus
die GBM. Natürlich ließen die Konflikte mit der offiziellen
Politik nicht auf sich warten. Obwohl Wangari Maathai
inzwischen berühmt ist, 1984 den Alternativen Nobelpreis
erhielt und zahlreiche Umweltpreise, wurde sie abgehört,
verfolgt, festgenommen. Im Zuge dieser Auseinandersetzungen fiel denn auch die am Anfang dieses Abschnitts
zitierte präsidiale Bemerkung, wonach Wangari Maathai
Insekten im Kopf habe. Wahrlich, können wir dazu nur
sagen, der Präsident hatte mehr recht, als er ahnte. Wangari Maathai hat tatsächlich ein Insekt im Kopf, nämlich
einen Schmetterling.

Wie wir uns am Wunder beteiligen

Es wäre natürlich wunderschön, ein solcher Schmetterling
zu sein. Am Anfang eines selbstorganisierenden Prozesses
zu stehen, eine solche Lawine auszulösen, wäre fast ein
wenig wie «Lieber Gott» spielen. Natürlich darf man die
Anstrengungen und den aufopfernden Einsatz solcher
Gründerfiguren nicht unterschätzen. Aber man darf auch
die grundsätzlichen Spielregeln des Schmetterlingseffekts

nie außer acht lassen. Ein solcher Effekt läßt sich nicht voraussagen, und er läßt sich schon gar nicht erzwingen. So verlockend dies manchmal sein könnte, so sehr widerspricht es dem Charakter des Chaos und der Selbstorganisation. Man kann den Schmetterlingseffekt nicht programmieren, man kann nur immer wieder etwas tun und darauf hoffen, daß es im rechten Moment das Richtige ist. Natürlich geht es auch gar nicht darum, daß jedermann eine neue NGO gründet. Aber das Prinzip der Selbstorganisation gilt für jeden Prozeß der gesellschaftlichen Meinungsbildung, für jeden Stadtteil, jeden Betrieb, sogar für jede Familie. Diese Option hat man immer frei: einmal am richtigen Ort der richtige Schmetterling zu sein.

Außerdem, das darf man nie vergessen, geht es auch darum, solche selbstorganisierenden Prozesse überhaupt zu ermöglichen. Die Macht dieser Vorgänge hängt nicht an ihrem Initiator, sondern ist systemimmanent. Deshalb sind die Gründer solcher Bewegungen meist keine dominanten Szenengurus. Alle kennen Ärzte ohne Grenzen, wenige kennen Bernard Kouchner. Das ist auch richtig so. Denn genauso wichtig sind alle, die den Prozeß der Iteration möglich machten, und jene, die die Rahmenbedingungen dafür entstehen ließen. In diesem Sinn bieten NGOs eine Plattform für jeden einzelnen Menschen, auf der er nach seinen Bedürfnissen und nach seinen Möglichkeiten eine ihm persönlich wichtige Entwicklung unterstützen kann. Von dieser Möglichkeit, und das ist gerade die Stärke der NGOs, wird denn auch reger Gebrauch gemacht. So sehr das Interesse an offizieller Politik abflaut, so sehr nimmt die Begeisterung für das Lobbying außerhalb der offiziellen politischen Foren zu. Allein schon die jährlich zusammengetragenen Spendenmillionen sprechen diesbezüglich eine beredte Sprache. Zusammenfassend könnte man sagen: Es ist tatsächlich so, wie Joseph Weizenbaum in seinem Interview bemerkte: Zunächst sollte man sich so verhalten, daß man das Wunder nicht verhindert. Dann ginge man dazu über, den Boden vorzubereiten für das Wunder. Und weiter schritte man zu dem «vermessenen» Gedanken, daß man selber derjenige sein könnte, durch den das Wunder geschieht.

8   Der Tod der Großen Männer

Lichter auf den Wellen

Immer mehr Leute beschäftigen sich in ihrem unmittelbaren Umfeld mit globalen Fragen und werden auf lokaler Basis aktiv. Diese Graswurzelbewegungen sind der Politstil der Zukunft.
(Timothy Wirth)[57]

Mich beeindruckt ganz besonders die große Stärke, die der einzelne durch den Schmetterlingseffekt bekommt. Als Teil von nichtlinearen Systemen hat er die unglaubliche und gleichzeitig schwerelose Macht, die Zukunft dieser Systeme mitzugestalten.

Wir sind noch immer gewohnt, in einem ganz anderen Bild zu denken, nämlich in jenem der großen Maschine, in der der einzelne als kleines Rädchen gar keine Bedeutung hat. Dieses Bild impliziert auch das Fehlen jeden Einflusses und damit auch jeder Verantwortung für das Ganze. Insofern ist der Ausspruch «Was habe ich denn schon für einen Einfluß» nicht nur Ausdruck von Resignation, sondern auch eine bequeme Ausflucht, um Verantwortung abzulehnen und zu begründen, warum man nichts tut.

Tatsächlich ist das Bild vom kleinen Rädchen in der großen Maschine aus der linearen Welt entlehnt. Eine Maschine funktioniert nach linearen Gesetzmäßigkeiten, und dort ist die Wirkung eines kleinen Rädchens wirklich klein.

Der Schmetterlingseffekt aber verändert diese Perspektive radikal. Der einzelne bekommt sehr viel Macht, die er zwar nicht realisiert, die er gar nicht realisieren kann, die er aber nichtsdestotrotz hat. Er hat sie nicht aus seinen besonderen Fähigkeiten heraus, sondern aus der Konstellation des Systems, und zwar zu jeder Zeit, mit jedem Atemzug.

Mindestens als Gedankenspiel bietet sich eine hübsche Umkehr der Werte an. Wir sind immer gewohnt, von den Mächtigen der Welt zu sprechen. Wenn wir uns fragen, wer den Lauf der Geschichte bestimmt, dann werden wir ohne Zögern Namen nennen: Politiker wie Napoleon, Churchill oder Adenauer, Dichter und Denker wie Voltaire, Russell oder Böll, Wissenschaftler wie Darwin, Oppenheimer oder Freud, das geht ganz ohne Nachdenken. Noch in meiner Jugend sprach man in diesem Zusammenhang von «Großen Männern», und dieser Begriff war positiv und ohne den geringsten Hintersinn gemeint.

Vielleicht aber, wer weiß, handelt es sich dabei um eine völlige Verkennung der Situation. Vielleicht sind es in Wirklichkeit die ungezählten Schmetterlinge, die den Lauf der Dinge bestimmen, und die sogenannten Großen der Welt sind nur eine Art Indikatoren, deren Einfluß viel beschränkter ist, als wir meinen und als sie selber glauben. Mir kommt dabei folgendes Bild in den Sinn, das ich in einem andern Zusammenhang kennenlernte.[58]

Man stelle sich vor, wir stehen in der Dunkelheit am Ufer des Meers. Wir hören die Wellen der Brandung in regelmäßigen Abständen ans Ufer rauschen, aber wir sehen sie nicht, weil es dunkel ist. Wenn nun aber ein Licht, eine schwimmende Kerze vielleicht, auf dem Wasser tanzt, dann sehen wir seine Bewegung und damit auch die Bewegung der Wellen. Die Geschichte des Menschen, sage ich jetzt einmal, ist wie das Meer, groß, tief und geheimnisvoll, und ihre Bewegungen entsprechen den Wellen. Kleine, sanfte Wellen, die nur die Oberfläche kräuseln, die wir meist nur ahnen, und große, gewaltige Brecher, die ihre Gischt ans Ufer werfen. Die Mächtigen der Welt, die vermeintlich diese Entwicklung bestimmen, sind in diesem Bild die Lichter, die auf und ab schaukeln und damit die Bewegung anzeigen, sie aber freilich nicht beeinflussen.

Ein verblüffendes Bild und ein ziemlich provozierendes. Die Mächtigen der Welt als Irrlichter zu bezeichnen, die zwar meinen, die Wellen zu erzeugen, in Wirklichkeit aber nur auf ihnen hin und her schaukeln. Ziemlich unverschämt. Aber es gefällt mir. Es steckt viel Sprengstoff in diesem Bild.

Ob es wirklich auf die Geschichte aller Zeiten zutrifft, dies zu entscheiden kann hier nicht die Aufgabe sein. Daß es sich zumindest aber mit der aktuellen Situation immer mehr zu decken beginnt, wird durch das Zitat am Anfang dieses Abschnittes unterstrichen. Es stammt von einem US-Staatssekretär, Timothy Wirth, was mir besonders erfreulich erscheint, weil es zeigt, daß es auch im politischen Establishment zunehmend Leute zu geben scheint, die den neuen Trend nicht nur wahrnehmen, sondern sogar gutheißen. Die «Graswurzelbewegung» kann durchaus auch konstruktiv integriert werden, wenn politische Entscheidungsträger nicht darauf beharren, jederzeit das Ruder fest in der Hand zu behalten. Timothy Wirth zum Beispiel ging beim Zusammenstellen der Delegation für die Weltbevölkerungskonferenz 1995 offenbar durchaus ungewöhnlich vor. Zunächst reservierte er zwei Tage, um statt mit «andern Regierungsbürokraten», wie er das nannte, mit allen möglichen Gruppierungen des Landes zu konferieren, die glaubten, etwas zu sagen zu haben. Danach veranstaltete er zwölf Hearings im ganzen Land. So baute er die Delegation von unten nach oben auf, ein noch vor wenigen Jahren völlig undenkbares Vorgehen.

Der Tod der Großen Männer

Eine Person wie Heinrich Böll war die Gegenfigur zu Konrad Adenauer. Die Gesellschaft hat damals solche Erscheinungen benötigt und hervorgebracht: Autorität und Gegenautorität.

Daß solche Figuren heute nicht mehr vorhanden sind, muß nicht unbedingt an Talentmangel liegen oder an Charakterlosigkeit. Vielleicht liegt es daran, daß sie in gewisser Weise überflüssig geworden sind. Ich glaube, es ist eine Vergesellschaftung solcher Rollen eingetreten. (Hans Magnus Enzensberger)[59]

Der Große Mann ist für mich das Symbol, der lebende Inbegriff des Prinzips der Hierarchie. Er verkörpert die extremste Frucht und die erfolgreichste Version dieses Prinzips. Insofern sind Große Männer und Schmetterlinge geradezu natürliche Feinde. Der Machtwechsel vom Großen Mann zum Schmetterling ist sehr subtil. Die Macht ändert dabei nämlich ihr Gesicht. Früher berauschten sich jene daran, die sie vielleicht in Wirklichkeit gar nicht besaßen. Jetzt bekommen sie die, welche nichts davon wissen. Und nur die können sich auf sie berufen, die bereit sind, auf den Machtrausch zu verzichten. Die Großen Männer, Autoritäten und Gegenautoritäten, wie sie Hans Magnus Enzensberger nennt, sind jedenfalls am Aussterben.

Ich selber erlebte dies am eindrücklichsten während meines Studiums der Mathematik und Physik. Die Helden meiner Schulzeit waren die großen Physiker der ersten Hälfte unseres Jahrhunderts, Einstein, Heisenberg, Planck, Schrödinger und wie sie alle hießen. Nicht nur waren sie berühmte Naturwissenschaftler, sie waren auch angesehene Denker und Philosophen, und sie verfügten über eine große moralische Autorität. Sie waren nicht bloß Personen, sie waren Gestalten, Autoritäten, eben Große Männer. Auch für mich hatte dieser Begriff damals einen positiven Klang.

Man kann sich leicht vorstellen, mit welchen Erwartungen ich mein Studium begann. Ich erinnere mich sehr genau, mit welchen Gefühlen ich den großen alten Kuppelbau der Universität betrat, an der ich mein Studium der Physik beginnen sollte. Es war dieselbe Pforte, das wußte ich genau, die Einstein benützt hatte. Damals war sie noch aus massivem, schwerem Holz, und man mußte sich beim Eintreten mit dem ganzen Körpergewicht dagegen stemmen. Das schien mir geradezu symbolisch dafür, daß man sich den Zugang zu diesen heiligen Hallen erkämpfen mußte. Und mit wieviel Herzklopfen betrat ich sie, diese heiligen Hallen!

Die Ernüchterung war groß. Es gab, so realisierte ich ziemlich bald, offenbar keine solchen Figuren mehr. Sie schienen schlicht und einfach ausgestorben. Das Problem beschäftigte mich damals sehr, und ich überlegte mir einiges, um Gründe dafür zu finden. Ich kam endlich zum Schluß, daß es an unsern wenig heroischen Zeiten liegen müsse. Vieles ist schon entdeckt, die grundlegenden Theorien sind gemacht. Heute werden in den Naturwissenschaften kleine Brötchen gebacken, und die Diamanten, welche noch geschürft werden können, liegen tief.

Ich dachte mir: Das Zeitalter der Großen Männer ist vorbei, unseres ist das Zeitalter der Epigonen. Das war der Reim, den ich mir auf meine Beobachtungen machte, aber heute frage ich mich, ob der Schluß nicht falsch war. Vielleicht ist es gar nicht das Zeitalter der Epigonen, welches angebrochen ist, sondern jenes des Schmetterlings.

Tatsächlich fehlen in unseren Jahrzehnten gar nicht die großen Entdecker, sondern nur die Großen Männer. Es fehlen auch nicht die guten Köpfe, aber sie werden nicht zu Großen Männern. Die guten Köpfe sehen heute anders aus. Ich erinnere mich gut an das Erstaunen meiner Schüler, als ich ihnen 1986 ein Videoband mit den beiden Nobelpreisträgern des Jahres in Physik, Heinrich Rohrer und Gerd Binning, vorführte. Die beiden hatten das Rastertunnelmikroskop entwickelt, ein Gerät, welches tatsächlich zum ersten Mal die Anordnung von einzelnen Atomen sichtbar machen konnte. Ganz offensichtlich hatten meine Schüler hohe Autoritäten aus einer andern Welt zu sehen erwartet, und nun saßen da ein hemdsärmeliger, bärtiger Onkel, der die in Hochdeutsch gestellten Fragen des Interviewers in gemütlicher Schweizer Mundart beantwortete, und ein junger Typ mit pfiffigem Blick, den man am liebsten gefragt hätte, ob er morgen zum Fußballspielen mitkäme. Es war wirklich lustig, die fragenden Mienen meiner Schüler zu beobachten, bis dann allerdings bald die Sympathie überhandnahm und alle übereinstimmten, daß sie sich «so» Nobelpreisträger nicht vorgestellt hätten.

Dabei waren Rohrer und Binning keineswegs zwei Ausnahmefälle. Ich könnte geradesogut die beiden Schweizer Astronomen aufführen, welche Anfang 1995 den ersten Planeten außerhalb unseres Sonnensystems entdeckt haben.[60] Der bärtige Astronomieprofessor Michel Mayor scheint fast ein Zwilling des behäbigen Heini Rohrer zu sein, und sein 29jähriger Assistent Didier Queloz strahlt einen auf der Fotografie im Nachrichtenmagazin an, daß es einem grade warm ums Herz wird. Ähnliches gilt, um noch ein weiteres Beispiel zu nennen, für die Nobelpreisträgerin 1995 in Medizin und Physiologie, Christiane Nüsslein-Volhard.[61] Sie erforschte Ende der siebziger Jahre die Gene, welche die Entwicklung des frischbefruchteten Eis der Taufliege zur Larve steuern. Während des Fernsehinterviews sitzt sie einfach gekleidet und ohne Aufhebens vor der Kamera und beantwortet die Fragen des Interviewers nach ihrem Hobby, dem Kochen, mit derselben Ernsthaftigkeit und Selbstverständlichkeit wie jene nach ihrer Forschungstätigkeit. Die Reihe von Beispielen könnte endlos weitergehen. Dabei kann es nicht etwa darum gehen, diese Beispiele alle unter die Lupe zu nehmen, etwa die Bedeutung dieser Forscher abzuschätzen und mit jener der Physik-Ikonen Anfang dieses Jahrhunderts zu vergleichen.

Es geht darum, auf einen neuen Stil aufmerksam zu machen, auf einen Trendwechsel. Es gibt keine Autoritäten und Gegenautoritäten mehr, wie Hans Magnus Enzensberger so treffend sagt. Man kann solche Beobachtungen übrigens in vielen ganz verschiedenen Bereichen machen, sei es Musik, Kunst, Sport oder Politik. (Die Gründer der NGOs sind wie bereits bemerkt nicht etwa Gegenbeispiele.) Zwar werden gerade heutzutage in den Medien einzelne Namen immer wieder ganz groß aufgebaut. Als aktuelles Beispiel könnte man etwa Günter Grass anführen. Mit Staunen schaute man all den Tricks zu, mit denen im Sommer 1995 der neue Roman *Ein weites Feld* zu Weltliteratur aufgebaut werden sollte. Von einer Sperrfrist für Rezensionen bis zum sorgfältig ausgewählten Zeitpunkt der Auslieferung am Geburtstag Goethes wurde nichts dem Zufall überlassen, und man konnte sich des Eindrucks nicht erwehren, daß der Autor selber dem unglaublichen Presserummel um sein neues Buch zumindest nicht abgeneigt war. Da wollte sich einer, das war offensichtlich, mit aller Gewalt einen Platz im Olymp der unsterblichen Dichter sichern, obwohl sich sein bisheriges Werk schon längst sehen lassen kann. Aber auch er mußte lernen: Es gibt keine Überväter mehr. Sie sind, wie Enzensberger sagt, überflüssig geworden. Wer sich von der Öffentlichkeit zum Star aufbauen läßt, bleibt letztlich austauschbar. Die Stars von heute kommen und gehen, je nach aktuellem Trend. Sie sind tatsächlich zu tanzenden, jederzeit gefährdeten Lichtern auf dem Ozean der Modeströmungen geworden.

Die Gründe für diese Entwicklung mögen mannigfach sein. Die Wirklichkeit ist komplex geworden. Menschen, die sich unbescheiden anmaßen, den Überblick zu haben, laufen eher Gefahr, sich lächerlich zu machen, als daß sie als Autoritäten anerkannt und gehört werden. Ein anderer Grund mag der Eintritt der Frauen in das öffentliche Leben sein. Frauen, so scheint es, pflegen einen andern Führungsstil und ein kritisches Verhältnis zur Rolle als Autoritätsperson.

Es mag noch viele andere Gründe dafür geben. In diesem Zusammenhang aber ist mir der wichtigste das Mündigwerden der Allgemeinheit. Der Pop-art-Künstler Andy Warhol soll einmal gesagt haben, daß sich unsere Zeit unter anderem dadurch auszeichne, daß jeder die Chance habe, in seinem Leben für eine Viertelstunde berühmt zu sein. Meiner Meinung nach ist dies eine, wenn auch exaltierte und ungenaue, Umschreibung eines neuen Zeitalters, des Zeitalters der Schmetterlinge.

Menschen, die ein gewisses Selbstbewußtsein und eine eigene Identität haben, nehmen Stellung und trauen sich ein Urteil zu. Ihnen gegenüber als Autorität aufzutreten ist bedeutend schwerer als gegenüber standpunktlosen Un-

tertanenseelen, die eben im eigentlichen Sinne autoritäts-
gläubig oder besser gesagt autoritätsanfällig sind. Große
Männer, will ich damit sagen, wachsen also nur in einem
Klima der Unmündigkeit heran, sie sind gewissermaßen
die Archetypen einer hierarchischen Gesellschaft, worin
der Spitze der gesellschaftlichen Pyramide das Recht und
die Macht gehören und die Basis keine andere Funktion
hat, als diese Großherrlichkeit zu spiegeln und zu vereh-
ren. Insofern ist der Schmetterlingseffekt ganz direkt der
Tod der Großen Männer, indem er den kleinen Leuten eine
neue Rolle zuspricht und ihnen damit ein neues Selbstverständnis verleihen kann.

Keine Großen Männer mehr – ein Verlust?

*Nach einer ersten Einführungslektion mußte ich in der zweiten
Stunde etwas komponieren. Er [Schönberg] wollte für jeden Ton
eine Erklärung. Als ich ihm sagte, ich hätte es deswegen geschrieben, weil es gut töne, entgegnete er, das sei kein adäquater Grund.
Daraus entstand ein Wortgefecht, in dessen Verlauf er immer
lauter wurde. Ich fragte ihn, warum er glaube, er sei der Mann,
der die Neue Musik zu definieren habe. «Weil ich mehr als irgendein anderer lebender Mensch von Musik verstehe», lautete seine
Antwort. (Dave Brubeck)*[62]

Dieses Zitat stammt von dem Pianisten, Komponisten und
Bandleader Dave Brubeck, und es berichtet von seinem
kurzen studentischen Gastspiel bei Arnold Schönberg
(1874–1951). Schönberg war der Erfinder der sogenannten
Zwölfton-Kompositionstechnik, welche zur Begründung
der Neuen Wiener Schule mit den Komponisten Alban Berg
und Anton Webern führte und die Musik unseres Jahrhunderts entscheidend beeinflußte. Schönberg war also wirklich ein Großer Mann. Man mag seine Musik mögen oder
nicht, in der Auseinandersetzung mit ihr erlebte die moderne Kunst manchen unverzichtbaren Höhepunkt.

Das Zitat aber, meine ich, spricht für sich, für die Schwierigkeiten, die der Umgang mit Großen Männern an sich hat. Es ist natürlich insofern untypisch, als Große Männer kaum je Widerspruch erlebten. Schönberg verlor denn auch so ziemlich die Fassung angesichts der Unverschämtheit des jungen amerikanischen Studenten, und Brubeck konnte sogleich wieder nach Hause reisen.

Erst in den letzten Jahrzehnten begann eine kritische Auseinandersetzung mit den Großen Männern, ein, wie ich glaube, für unsere Zeit sehr charakteristischer Vorgang. Eine ganze Generation oder besser eine ganze Epoche erlebt, wie die großen und kleinen Götter unserer Kultur von ihrem Piedestal heruntergeholt und aus pietätloser Nähe betrachtet werden. Vielen von ihnen bekam dieses Vorgehen gar nicht gut. Der Lack blätterte unter den kritischen Blicken geradezu erschreckend ab, und darunter schaute nur zu oft bedenklich morsches Material hervor.

Daß die Demontage manchmal über das Ziel hinausschießt und vor nichts und niemandem haltmacht, ist ein anderes Thema. Trotzdem ist der Prozeß dieser Auseinandersetzung eminent wichtig und fruchtbar. Es sind gewissermaßen die Geburtswehen des Zeitalters der Schmetterlinge.

Das Ergebnis dieser Auseinandersetzung ist ernüchternd. Oft waren Große Männer, läßt man einmal die Heldenverehrung beiseite und betrachtet ihr Verhalten aus sachlicher Distanz, zumindest am Rande der Pathologie angesiedelt, und das ist noch vorsichtig formuliert. Die Zahl der Beispiele ist Legion, man muß nicht einmal auf so krasse Biographien zurückgreifen wie etwa jene des paranoiden Stalin oder des wahnsinnigen Hölderlin oder des von der Syphilis aufgefressenen Nietzsche. Tagtäglich fördert die emsige Arbeit von Biographen und Historikern neue Details zutage, die einen staunende Blicke hinter die Fassade Großer Männer tun läßt. Seien es nun die Bösartigkeiten und Eifersüchte eines Jean-Paul Sartre, dessen Beziehung zu Simone de Beauvoir für viele antibürgerliche

Achtundsechziger als vorbildlich galt,[63] oder das elitäre Sendungsbewußtsein und der Anspruch auf Führerschaft des Grafen Stauffenberg,[64] eines der Vorzeigehelden des Widerstands gegen Hitler. Sei es die hilflose Sucht nach Anerkennung des Timothy Leary, des vermeintlich so souveränen LSD-Propheten,[65] oder das sexistische Ausbeutertum eines Bert Brecht,[66] des großen marxistischen Vorzeigedichters, immer blickt man in Abgründe von Persönlichkeitsstörungen und fragt sich bald einmal, ob es überhaupt unter den Großen Männern Beispiele von einigermaßen psychisch intakten Menschen gibt oder ob nicht eine psychische Störung geradezu die Voraussetzung ist, um an die Spitze des patriarchalen Systems zu gelangen.

Die zweite Frage, die man sich unwillkürlich stellt, ist jene, ob solche psychisch schwer beeinträchtigten Personen überhaupt in der Lage sind, Konzepte und Gedanken zu entwickeln, die dem Fortkommen und Wohlergehen der Menschen nützlich sind. Was jedenfalls sofort auffällt, ist die Tendenz der Großen Männer, die ganze Welt aus ihrer Perspektive zu erklären und zu bewerten. Ob der Philosoph Immanuel Kant oder der Physiker Albert Einstein, ob der Künstler Le Corbusier oder der Komponist Gustav Mahler, alle waren sie auf der Suche nach dem kategorischen Imperativ, nach der Weltformel, nach dem Goldenen Schnitt, nach der allumfassenden Symphonie und wie ihre Konzepte alle hießen. Immer ging es um die alles erklärende, monolithische, einzigartige Theorie der ganzen Welt, am besten des ganzen Kosmos. Wenn sie wenigstens nur auf der Suche gewesen wären! Nicht wenige von ihnen waren aber der festen Überzeugung, diese Theorie schon gefunden zu haben. Sie verteidigten sie durch alle Böden hindurch, unter Inkaufnahme sämtlicher Opfer und mit störrischem Altmännerstarrsinn, notfalls sogar über die Leichen von Beziehungen und Freundschaften, am liebsten aber über jene von andern monolithischen Theorien, die ihrerseits behaupteten, die ganze Welt zu erklären.

Monolithische Theorien sind aber immer und per se eine

Vergewaltigung der lebendigen Welt. Sie sind nicht Ausdruck ehrfurchtsvoller Annäherung an die Natur, sondern Ausdruck eines hemmungslosen Autismus, der am liebsten den ganzen Kosmos nach einer eigenen Weltformel tanzen ließe. Ob man jetzt Sigmund Freud als Beispiel nimmt, der die ganze Welt mit seinem Lebens- und Todestrieb zu erklären glaubte, oder Hahnemann, den Begründer der Homöopathie, der das Simileprinzip zu seiner persönlichen Weltformel machte, oder sonst einen Großen dieser Welt, sie alle huldigen angeblich dem Gott der Erkenntnis, aber in Wirklichkeit zelebrieren sie nur sich selber und machten sich mit ihren Universaltheorien zum Nabel der Welt. Schönberg ist ein wunderbares Beispiel dafür. Er war doch wirklich der festen Überzeugung, von allen lebenden Musikern am meisten von Musik zu verstehen, zu einer Zeit notabene, in der es Musiker wie Béla Bartók und Igor Strawinsky, Sergej Prokofjew, Paul Hindemith gab.

Nach dem bisher Gesagten ist uns natürlich klar, daß diese Charakteristiken Großer Männer keineswegs Ergebnis ihrer jeweils individuellen Eigenschaften sind. Große Männer sind vielmehr, wie wir bereits festgestellt haben, das Extremprodukt einer hierarchisch organisierten Gesellschaft. Sie sind das äußerste Ergebnis einer konsequenten Selektion nach Hierarchiekriterien und verkörpern daher die dadurch bevorzugten Eigenschaften bis zur Pathologie. Wären sie nicht egozentrisch bis zum Autismus, wären sie nicht konzentriert bis zur Monomanie, wären sie nicht kaltblütig bis zur Gnadenlosigkeit, dann stünden sie nicht an der Spitze der Hierarchie, dann wären sie nicht Große Männer.

Darum wird jede Generation Großer Männer unvermeidlich wieder dieselben Eigenschaften aufweisen. Das gleiche gilt übrigens offensichtlich für die wenigen Frauen, die sich in hierarchisch organisierten Systemen wirklich durchsetzen.

Es gibt dazu zwei Gesetze, möchte ich behaupten. Man kann erstens kein Großer Mann werden, wenn man nicht selber mehr umsorgt wird, als man selber umsorgt. Und man kann zweitens auch kein Großer Mann werden, wenn man nicht mehr Dreck produziert, als man selber beseitigt. Das sind zwei unumstößliche Gesetze, die sich direkt aus dem Hierarchieprinzip ergeben. In diesen zwei Antischmetterlingsgesetzen steckt meines Erachtens das Elend unserer heutigen Situation und vor allem die Begründung, warum wir aus ihr nicht herausfinden. Denn alle, die etwas zu sagen haben, sind letztlich, ganz tief innen, nur an ihrer eigenen Macht und Größe interessiert. Und das gilt selbst für die, die sich besonders karitativ und gemeinnützig gebärden und vielleicht sogar durchaus lobenswerte Absichten haben. Auch das sieht man an tausend Beispielen, sei es jetzt an jenem Pfarrer, der sein Sozialimperium so aufbläst, daß es außer Kontrolle gerät, oder an jenem Tierschützer, der mit seinen militanten Tierschutzaktionen letztlich mehr Schaden als Nutzen verbreitet, oder an jenem Politiker, der ein undemokratisches System zu Fall bringt, nur um danach selber zu einem Patriarchen schlimmster Prägung zu werden. Für sie alle gilt in mehr oder weniger großem Ausmaß das, was der langjährige Berater des französischen Staatspräsidenten Mitterrand über seinen ehemaligen Chef in aller Härte sagte: «Dieser Mann ist von einer einzigen Passion getrieben: seinem Ich. Sein einziges Ziel war es, sich persönlich zu verwirklichen, die Welt für sich alleine zu genießen, sich narzißtisch in den politischen Ereignissen zu spiegeln – wobei es ihm nie darauf ankam, sie zu meistern, nur darauf, in ihrem Zentrum zu stehen.»[67]

Eher kommt ein Kamel durch ein Nadelöhr, behaupte ich deshalb, als ein Schmetterling in den Kopf eines Großen Mannes. Und darum fühle ich auch keine Trauer, wenn sie untergehen, die Großen Männer, auch wenn ich ihre großen Werke durchaus zu schätzen weiß und manche Sternstunde in ihrer Gesellschaft verlebte. Nein, ich bin mir sicher: Große Männer brauchen wir nicht mehr. Je eher ihr Zeitalter stirbt und durch das Zeitalter der Schmetterlinge abgelöst wird, desto besser!

9 Der einzelne

Die Verantwortung des einzelnen

*In meinem Buch sage ich, daß man sich so verhalten müsse, als ob
die Zukunft der ganzen Menschheit von einem abhänge.*
(Weizenbaum)[68]

Wir haben festgestellt, daß im Verständnis der geschicht-
lichen und gesellschaftlichen Vorgänge eine subtile Macht-
verschiebung stattfinden könnte. Etwas plakativ charakte-
risierten wir dies als Ablösung des Zeitalters der Großen
Männer durch das Zeitalter des Schmetterlings. Dabei, das
wollen wir ausdrücklich festhalten, soll das Gewicht nicht
so sehr auf dem Wort «Mann» liegen (obwohl wir gewisse
Anhaltspunkte haben, daß auch dieses Wort eine Bedeutung hat), sondern der Große Mann soll mehr so etwas wie
den Antipoden des Schmetterlings charakterisieren, den
Prototyp jenes Menschen, für den sein eigener Ruhm und
seine eigene Größe im Zentrum seines Strebens stehen, so
sehr, daß ihm das Schmetterlingsprinzip als Mittel der
Selbstverwirklichung verschlossen bleibt. Der einzelne bekommt im Schmetterlingszeitalter eine große Bedeutung
und Macht. Eine Macht, die er zwar nicht für seine Zwecke
gebrauchen kann und die er in den allermeisten Fällen gar
nie als solche erleben wird, aber die nichtsdestotrotz vielleicht sogar größer ist als die eingebildete Macht des Großen
Mannes.

An diesem vielversprechenden und optimistischen
Punkt stimmt eine Entwicklung bedenklich, auf die ich in
den nächsten beiden Abschnitten hinweisen möchte. Es
geht darum, daß ausgerechnet jetzt, wo die Geschichte die
Macht des einzelnen zu entdecken beginnt, viele Menschen

133

in Passivität geraten und sich aus dem öffentlichen Leben zurückziehen. Dieser Rückzug ins Private, nicht etwa im Sinn von «Global denken, lokal handeln», sondern als eigentliches Ausklinken aus der gesellschaftlichen Realität, läßt sich heute überall beobachten. Am deutlichsten aber zeigt es sich bei den sensibelsten Indikatoren gesellschaftlicher Entwicklungen, bei den Jugendlichen. Der Pädagoge Dieter Baake beschrieb diesen Prozeß schon Mitte der achtziger Jahre und bezeichnete ihn mit dem Begriff der «Selbstausbürgerung».[69] Ich finde, daß diese Wortschöpfung ausgesprochen viel aussagt. Mit «Bürger» ist ursprünglich der Burgverteidiger gemeint, und Einbürgerung ist die Aufnahme in einen Staat und die Gleichstellung bezüglich Rechten und Pflichten mit den andern Bürgern dieses Staates. Ausbürgerung aber ist ein Vorgang, der gegen den Willen des Ausgebürgerten geschieht, so daß Selbstausbürgerung eigentlich ein Paradox in sich selber bedeutet und damit das Widersprüchliche, schwer Einfühlbare des Vorgangs andeutet.

Zuerst möchte ich an der Gruppe der Jugendlichen selber darstellen, was mit Selbstausbürgerung gemeint ist, um dann anschließend den Begriff auf unsere Gesellschaft allgemein auszuweiten. Es geht, könnte man sagen, um den Gegenpol der Einstellung, die durch das Zitat am Anfang dieses Abschnitts aus dem Interview mit Weizenbaum charakterisiert ist.

Selbstausbürgerung bei Jugendlichen

Bis heute hat der 26jährige ein einziges Mal einen Stimm- oder Wahlzettel ausgefüllt. Als er vor sechs Jahren in der Rekrutenschule war, stimmte er für die Abschaffung der Armee. «Nach all dem Leerlauf, den ich in der Rekrutenschule erlebt hatte, wollte ich ein Zeichen setzen», erklärt er heute.

Er geht weder abstimmen noch wählen, weil er, wie er selber sagt, von Politik «keine Ahnung» hat. In der Tageszeitung liest er

vor allem den Sportteil, hin und wieder verirrt er sich beim Zappen
zur Tagesschau.
In seinem persönlichen Alltag spielt Politik keine Rolle. Und
wenn nicht gerade ein Krieg ausbricht, kann ihm alles politische
Abwägen und Diskutieren gestohlen bleiben. Er vertraut den
Politikern dieser Welt, glaubt, daß sie das Beste fürs Land wollen.
Obwohl: «Die sitzen alle in einem Verwaltungsrat.»
Für gewisse Themen ließe er sich sogar heute schon mobilisieren.
Er könnte sich durchaus vorstellen, bei einem Rennen gegen
Atomversuche oder gegen Rassismus unentgeltlich mitzufahren.
Nur fragt er sich manchmal, ob das langfristig etwas verändern
würde: «Es kommt, wie es kommen muß. Ich glaube, irgendwann
macht es auf der Welt Bumm, und dann ist alles vorbei.»[70]

Im Verlauf der zehn Jahre, während denen ich als Lehrer
unterrichtete, machte ich eine eigenartige Beobachtung. Zu
Beginn, Anfang der achtziger Jahre, widmete ich die jeweils erste Lektion mit einer neuen Klasse dem Thema
«Probleme und Chancen unserer Zeit». Wir besprachen
Sonnen- und Schattenseiten von Naturwissenschaft und
Technik und mögliche Zukunftsstrategien. Abgesehen davon, daß sich dabei ein gewisses Interesse meinerseits spie-
gelte, konnte ich gewiß sein, daß sich sogleich eine ange-
regte Diskussion entspinnen würde, in deren Verlauf ich
rasch einen Überblick über die verschiedenen Persönlich-
keiten meiner Schüler gewinnen konnte. Außerdem, und
das war kein unwichtiger Nebeneffekt, war mit Sicherheit
am Ende der Lektion das Eis gebrochen. Die Schülerinnen
und Schüler spürten mein Engagement, stuften mich im
günstigen Fall als diskussionsfähig und fortschrittlich ein
und waren bereit, mit mir zusammenzuarbeiten.
     Zehn Jahre später wäre ein derartiges Vorgehen glatter
pädagogischer Selbstmord gewesen. Die meisten Schüler
wären dabei sofort auf Distanz gegangen. Gesellschaftliches Engagement war für sie offensichtlich keine Empfeh-
lung mehr, sondern ein Grund zur Vorsicht, wenn nicht gar
zur Ablehnung. Mein Vorgehen mußte also grundsätzlich

anders aussehen als noch vor zehn Jahren. Wollte ich nicht gänzlich darauf verzichten, wenigstens eine bescheidene politische Message in meinem Unterricht zu vermitteln, so mußte ich zunächst versuchen, nur auf der Ebene der Beziehung mit meinen Schülern Kontakt zu knüpfen. Gelang mir dies, so konnte ich vorsichtig einen Teil dieses unsicheren Kredits dazu verwenden, etwas von meinem gesundheits- und umweltpolitischen Engagement in meine Lektionen einfließen zu lassen. Während diese Themen früher für mich also durchaus der Schlüssel zur Popularität sein konnten, mußte ich nun diese ihretwegen direkt aufs Spiel setzen. Was war geschehen?

Betrachten wir das Zitat am Anfang dieses Abschnittes. Der junge Mann, der da zitiert wird, ist nicht irgendwer. Er ist Snowboardweltmeister und damit Symbol- und Identifikationsfigur für mindestens einen Teil der Jugend.

Was will er uns sagen, der Snowboardweltmeister? Auf dem Foto der Zeitung, aus der Vogelperspektive aufgenommen, blickt er von unten ein wenig an einem vorbei, mit einem leichten Lächeln auf den Lippen. Dunkle Haare mit Koteletten, brauner Teint, weißes Hemd, beide Hände in den Hosentaschen der modischen Jeans vergraben, ist er mir keineswegs unsympathisch.

Indes fällt eine eigenartige Kraftlosigkeit und Unschlüssigkeit seiner Stellungnahme auf. Hinter jedem Satz scheint ein Fragezeichen zu stehen. Eigentlich ist er weder für noch gegen etwas, glaubt jedem und keinem, würde sich prinzipiell engagieren und weiß doch nicht, ob er es tun würde. Zwar hat er schon eine eigene Meinung, eine Art Light-Version von Antikrieg- und Umweltschutzgedanken. Aber so ganz überzeugend wirkt das nicht, zumal man sich lebhaft vorstellen kann, daß er selber zwischen Gletschertrainings im Sommer und Snowboardrennen im Winter hin und her pendelt. Ich kann mir gut vorstellen, daß er Anfang der neunziger Jahre in meinem Unterricht in einem der Schulbänke gesessen hätte, anständig und ruhig und distanziert, genau so, wie viele meiner damaligen Schüler waren. Und wenn ich von Umweltschutz zu sprechen begänne, zeigte er sein unbestimmtes Lächeln, und ich wüßte nicht genau, ob er mir jetzt beipflichtet, mich blöd findet oder grade in Gedanken sehr weit weg beim Snowboarden ist. Wäre er in seinem Privatleben ähnlich schlaff, wäre er dann wohl jemals Weltmeister geworden? Wenn man ihn sich vorstellt, wie er die Stangen attackiert, tief auf sein Snowboard geduckt, wie ein Panther im Angriff. Ob er dann wohl auch dieses flache Lächeln auf den Lippen trägt? Wohl kaum! Wenn er doch nur ein Zehntel dieser Energie, dieser Entschlossenheit, dieses Draufgängertums in die Gesellschaft einbringen würde. Aber er hat sich daraus verabschiedet. Der totale Rückzug ins Privatleben.

Genau das ist «Selbstausbürgerung». Wie bereits angedeutet, prägte der Pädagoge Dieter Baake diesen Begriff Mitte der achtziger Jahre, um einen neuen «Sozialisationstyp» der Jugendlichen, wie er es nannte, zu charakterisieren. Als Symptome dieses neuen Phänomens nennt Baake vor allem die Gleichgültigkeit gegenüber gesellschaftlichen Angeboten und Ordnungen sowie eine bewußte und programmatische Distanzierung und spricht von der Tendenz, «das Spiel aufzugeben und den Rückzug aus der Gesellschaft zu praktizieren». Jeder dieser Punkte wird meines Erachtens durch die Äußerungen des Snowboardweltmeisters eindrücklich illustriert.

Die Gründe, warum Selbstausbürgerung zustande kommt, mögen sehr vielfältig sein. Wohlstandsverwahrlosung mag einer davon sein, wie Ulrike Zöllner[71] ausführt, oder mangelnder «Mut zur Erziehung», wie es Eva Zeltner[72] nennt, vielleicht liegt das Problem auch auf der Ebene des Narzißmus, wie Jürg Willi[73] vermutet, oder es ist eine Folge der chronischen Reizüberflutung, der wir alle ausgesetzt sind.

Sicher spielt auf jeder dieser Ebenen der bereits einmal gestreifte Begriff der Ich-Stärke, oder hier vielmehr der Ich-Schwäche, eine zentrale Rolle. Ich-Stärke entwickelt sich in einer Erziehung, die im Idealfall die goldene Mitte zwischen Strenge und Verwöhnung findet. Eine Erziehung, die aus Angst, im Kind Komplexe zu erzeugen, nicht mehr wagt, Grenzen zu setzen und etwas zu verlangen, ist ein Risikofaktor für die Entwicklung einer Ich-Schwäche. Dasselbe gilt für eine Mentalität, die Forderung als böse einschätzt, sowie für die ständige Möglichkeit zur raschen und anstrengungslosen Triebbefriedigung.[74] Mag sein, daß sich jetzt rächt, daß solche Aspekte in den vergangenen Jahrzehnten in der Kindererziehung zu wenig berücksichtigt wurden.

Wie dem auch sei, mich lassen die zwei letzten Sätze des Zitats am Anfang dieses Abschnitts noch in anderer Beziehung aufhorchen. Zwar würde er durchaus bereit sein, bei einem Rennen gegen Atomversuche oder Rassismus unentgeltlich mitzufahren, meint der Snowboardweltmeister. Aber er frage sich manchmal, ob das langfristig etwas verändern würde. Und dann fügt er einen bemerkenswerten Satz an: «Es kommt, wie es kommen muß. Ich glaube, irgendwann macht es auf der Welt Bumm, und dann ist alles vorbei.» Auffällig ist dabei die kindliche Formulierung dieses 26jährigen Mannes. Sie könnte genauso von einem Sechsjährigen stammen. Das ist meines Erachtens gar nicht etwa zufällig, sondern macht durchaus Sinn. Es ist Ausdruck tiefer Regression, Flucht aus der gesellschaftlichen Realität in eine private Scheinwelt.

Der Grund für diese Regression wird grade mitgeliefert. Es macht nicht etwa «Bumm», und alles wird gut, sondern danach ist buchstäblich «alles vorbei». Man stelle sich diese Perspektive vor für einen jungen Mann, der strotzt vor Kraft und eigentlich die ganze Zukunft vor sich haben müßte. Es ist schlicht himmeltraurig.

Das Allerschlimmste aber ist, daß man gar nichts tun kann: «Es kommt, wie es kommen muß.» Das ist nicht etwa fernöstliche Gelassenheit, erworben in intensiver Meditation oder harter spiritueller Arbeit. Das ist die schlichte Apathie angesichts eines übermächtigen Schicksals, die hilflose Geste eines Titanic-Passagiers.

Genau diese Haltung fand ich bei vielen meiner Schüler. Schon als Kinder konfrontiert mit all den Problemen unserer Zeit, machten sie, so schien es mir, schlicht den Schirm zu. Was schon Erwachsenen turmhoch und unüberwindbar erscheint, muß Kindern, welche die Gesamtproportionen noch weniger überblicken, nicht nur bedrücken, sondern richtiggehend erdrücken. Die erwähnte Regression kann denn auch als Abwehr vor dem psychischen Kollaps interpretiert werden. Macht man aus gutgemeintem Engagement den Fehler, sie zu durchbrechen, so trifft man nicht selten auf abgrundtiefe Resignation, rabenschwarzen Pessimismus und schiere Angst vor der Zukunft.

Keine Angst, es geht hier nicht darum, eine weitere Strophe im sich immer wiederholenden Lied des Generationenwechsels anzustimmen, wonach die jeweils heutige Jugend immer die verdorbene ist. Ein kürzlich in einem Nachrichtenmagazin erschienener Bericht, der das Fazit zog, daß Herumhängen, Drogen und Alkohol für viele Schweizer Jugendliche zum Alltag geworden seien, daß viele Jugendliche müde und lasch geworden seien und wenig Eigeninitiative entwickeln würden,[75] erntete einen wütenden Protesthagel. Es gebe «die Jugend» sowieso nicht mehr, wurde zu Recht gesagt, der Bericht sei einseitig und von den ewig gleichen Klischees über Jugendliche geprägt. Ich bin damit einverstanden, glaube aber, daß man eine repräsentative Umfrage unter immerhin mehr als sechshundert Jugendlichen nicht einfach so unter den Tisch wischen darf. Repräsentativ oder nicht, Jugendliche sind, ich wiederhole es noch einmal, besonders subtile und exakt anzeigende Indikatoren gesellschaftlicher Entwicklungen. Darauf will ich im nächsten Abschnitt zu sprechen kommen.

Selbstausbürgerung als gesellschaftliches Phänomen

Das Kohärenzgefühl kann folgendermaßen definiert werden: Eine globale Ordnung, die das Ausmaß ausdrückt, in dem jemand ein durchdringendes, überdauerndes und dennoch dynamisches Gefühl des Vertrauens hat, daß erstens die Anforderungen aus der internalen oder externalen Umwelt im Verlauf des Lebens strukturiert, vorhersagbar und erklärbar sind und daß zweitens die Ressourcen verfügbar sind, die nötig sind, um den Anforderungen gerecht zu werden. Und drittens, daß diese Anforderungen Herausforderungen sind, die Investitionen und Engagement verdienen. (Antonovsky)[76]

Diese Definition stammt von dem bekannten Gesundheitsforscher Aaron Antonovsky. Das Kohärenzgefühl, wie er es nennt, hat sich in seiner Forschung als eine der wichtigsten Bedingungen für seelische und körperliche Gesundheit herausgestellt.

Berücksichtigt man dies, so wird unmittelbar klar, daß die im vorhergehenden Abschnitt erwähnten Probleme eine ernsthafte Gefahr darstellen. Unsere Gesellschaft ist krank, oder sie droht zumindest schwerkrank zu werden. Die Selbstausbürgerung der Jugendlichen ist nur ein Symptom für den Wurm, der in der Gesellschaft als Ganzem steckt. Die Gesellschaft als Ganzes leidet unter der Tendenz zur Selbstausbürgerung.

Die Symptome, die Baake für die Selbstausbürgerung der Jugendlichen nennt, können meines Erachtens zur Charakterisierung der allgemeinen gesellschaftlichen Selbstausbürgerungstendenz direkt übernommen werden. Gleichgültigkeit gegenüber gesellschaftlichen Angeboten und Ordnungen sowie eine bewußte und programmatische Distanzierung, die Tendenz, «das Spiel aufzugeben und den Rückzug aus der Gesellschaft zu praktizieren», dies alles findet man nicht nur bei Jugendlichen, sondern als überall verbreitete gesellschaftliche Tendenz. Auch die von Baake genannten Mechanismen der Sucht, der politischen oder religiösen Radikalisierung, der Privatisierung und der Beziehungsreduktion sind in breiten Bevölkerungskreisen anzutreffen, nicht nur bei Jugendlichen. Baake betont, daß man für den «neuen Sozialisationstyp» der Selbstausbürgerung noch keine hinreichenden Erklärungsmuster zur Hand habe. Wahrscheinlich sind auch bei der allgemeinen gesellschaftlichen Selbstausbürgerung ähnliche Faktoren im Spiel, wie sie im Abschnitt über das Verhalten der Jugendlichen erwähnt wurden, zumal die Jugendlichen der achtziger Jahre natürlich bereits zu den Erwachsenen von heute gehören. Sicher ist aber auch bei den Erwachsenen die allgemeine Zukunftsangst, das Gefühl des Ausgeliefertseins, ein ganz wesentlicher Faktor, welcher zur Selbstausbürgerung als einer Art von Totstellreflex führt.

Wenn wir tatsächlich an einer Zeitenwende stehen, wo sich die Großen Männer verabschieden und der einzelne über den Schmetterlingseffekt das Zepter übernimmt, dann entbehrt es nicht einer gewissen Tragik, daß ausgerechnet jetzt so viele Menschen zur Selbstausbürgerung neigen. Denn diese können natürlich die Forderung Weizenbaums, so zu leben, als ob das Schicksal der Welt von einem abhänge, nicht verwirklichen. Im Gegenteil, sie werden sich geistig vom Zeitgeschehen verabschieden und jegliche Verantwortung ablehnen.

Auf der andern Seite gibt es, falls unsere Vermutung richtig ist, kein besseres Heilmittel gegen die Selbstausbürgerungstendenz als gerade den Schmetterlingseffekt selber. Man kann also nichts Besseres tun, als seine Botschaft zu verbreiten. Ein Mensch soll es dem nächsten sagen: Die Zeiten haben sich geändert. Das Zeitalter der Großen Männer ist vorbei, jetzt kommt es auf jeden einzelnen an! Am besten, jeder sagt es zweien. Und dieser wieder zweien. Über die Macht solcher Schneeballsysteme wissen wir ja jetzt bestens Bescheid.

Einer, der es übrigens schon vielen gesagt hat, ist MC

Carlos, ein junger Musiker aus der Westschweiz. «Man kann immer und überall die Welt verändern!» sagt er in einem Interview und weiter: «Der Weg ist lang, und wir können einen Beitrag leisten. Wir geben eine kleine Dosis Veränderung für eine bessere Welt.»[77] MC Carlos ist Rapper. Rap ist, lasse ich mir sagen, die Musik der jungen Hip-Hop-Szene. Dort ist MC Carlos ein Star. Es gibt also nicht nur den Snowboardweltmeister. Es gibt nicht nur Selbstausbürgerung, unter Jugendlichen und unter Erwachsenen. Dies festzuhalten am Ende dieses Kapitels scheint mir wichtig.

Die Frage nach dem richtigen Weg

I'm on my way now. (Gospel)

Nehmen wir an, jemand hört vom Schmetterlingseffekt und macht die ersten zögernden Schritte Richtung Gesundung vom Selbstausbürgerungssyndrom. Ist dann die Forderung Weizenbaums, sich so zu benehmen, als ob das Schicksal der Welt jederzeit von einem abhänge, nicht absolut erdrückend? Ist das nicht wieder einer dieser schrecklichen, absolutistischen Imperative, die einem die Luft zum Atmen nehmen?

Im Kontext von Weizenbaums Interview ist diese Gefahr tatsächlich vorhanden. Der Schmetterlingseffekt aber entschärft sie. Denn wohlverstanden: Gefragt sind keine Heldentaten, sondern federleichte Schmetterlingsschläge! Außerdem kann der Schmetterling die Wirkung seines Flügelschlags nicht voraussehen. Man kann keine Verantwortung im Sinne eines bleischweren, belastenden Gewichtes für eine grundsätzlich unvorhersehbare Konsequenz übernehmen.

Aus diesem eigenartigen Paradox von Verantwortlichkeit und Nicht-zur-Rechenschaft-gezogen-werden-Können, von Macht und Unvorhersagbarkeit, entsteht jenes schwerelos schwebende Gleichgewicht, welches ich das Schmetterlingsgefühl genannt habe. Die Strategie, die sich daraus ergibt, die «Schmetterlingsstrategie», wenn man so will, ist mir sehr wichtig. Versuche nicht wie der arme Atlas das ganze Gewicht der Welt auf deine Schultern zu nehmen. Das wird dich auf die Dauer unweigerlich erdrücken und dir deine Heiterkeit nehmen. Stell dir vielmehr vor, du hättest einen Beutel mit Samen bei dir. Und während du so durch die Welt gehst, wirfst du hier und dort eine Handvoll Samen hin. Du mußt es aber mit lockerer Hand tun und ohne dir allzu viele Gedanken dabei zu machen, denn wachsen müssen die Samen selber. Das Säen darf dich nur soviel kosten, daß du den Samen ohne Groll zugestehen kannst, auf unfruchtbaren Boden zu fallen.

Was nützt es mir, wenn ich niemals mehr eine Reise unternehme, weil ich weiß, daß Reisen immer mit ökologischen Kosten verbunden ist. Ich mute mir einen Verzicht zu, der über meine Kräfte geht, und werde mit dem Zorn des Gerechten meine Freunde hassen, die jedes Jahr nach Übersee fliegen. Das heißt aber nicht, daß ich mich nun auch am sinnlosen Reiserausch des Jet-Zeitalters beteiligen muß. Ich reise vielleicht weniger weit, als ich möchte, und entdecke irgendwo in der Nähe einen schönen Ort, der nicht im Reiseprospekt steht. Das heißt aber auch nicht, daß ich meine Meinung über die maßlose Reiserei verleugne. Aber ich halte auch keine Strafpredigten, die alle andern, die meine Überzeugung nicht teilen, in die Verweigerung treiben.

Wenn ich das Bild des schwebenden Schmetterlings mit Musik untermalen müßte, so wüßte ich keine bessere Musik als jenen Gospelsong, dessen Interpretation durch Louis Armstrong ich im Ohr habe. Er singt mit seiner swingenden Heiserkeit: «I'm on my way now...» Ich bin jetzt auf meinem Weg, und niemand soll mich davon abbringen. Der Song enthält das Paradox der Schmetterlingsstrategie. So konsequent der Text formuliert und wohl auch gemeint ist, so heiter und beschwingt ist die Musik, beseelt von jener naiven, tiefen Frömmigkeit, wie sie der schwarze Gospel so oft ausstrahlt. Doch: Wohin geht der Weg? Im Schmetterlingsgefühl scheint der Glaube an das Richtige und an das Gute per se schon enthalten zu sein. Und doch: Wer sagt dem Schmetterling, wie er mit den Flügeln schlagen soll? Mit solchen Fragen beschäftigt sich der letzte Teil dieses Buches.

DRITTER TEIL

Schmetterlingsethik

10 Gut und Böse

Kleine und große Schuftigkeiten

Im Moment, wo sich das Individuum seiner Macht kraft des Schmetterlingseffekts bewußt wird, geschieht eine unglaubliche Metamorphose. Aus der Puppe des ohnmächtigen, heimatlosen Vagabunden in einer hierarchischen Welt kriecht der Schmetterling. Dieser Schmetterling aber kann sich die Verwahrlosung und die Resignation, die Selbstausbürgerung des Vagabunden nicht mehr leisten. Im Moment, da er seine glänzenden Flügel entfaltet, muß er Verantwortung für seine Welt übernehmen. Bis jetzt sprachen wir immer nur davon, daß der Schmetterlingseffekt die Möglichkeit vermittelt, im positiven Sinne auf das Geschehen Einfluß zu nehmen. Aber genau dasselbe gilt natürlich im negativen Sinne auch. Kleinste Veränderungen können letztlich zu einer dramatischen Verschlechterung des Zustands eines Systems führen.

Die Geschichte des Schmetterlingseffekts als solche ist ja übrigens gar nicht so unproblematisch. Der Schmetterling erzeugt mit seinem Flügelschlag einen Wetterumschlag. Das kann manches bedeuten, von strahlend schönem Wetter bis zum zerstörerischen Tornado. Auch eine Windhose, die als todbringende Säule über ganze Landstriche hinwegzieht, ist Ausdruck von selbstorganisierenden Prozessen. Die «Urfassung» der Schmetterlingsgeschichte ist also gar nicht so idyllisch, wie man geneigt ist anzunehmen. Dies rückte nur in den Hintergrund, weil wir uns ausschließlich mit den positiven Möglichkeiten dieses Prinzips befaßten.

Eine der wichtigen Vorläufertheorien der Chaostheorie heißt Katastrophentheorie, weil sie sich mit Phänomenen befaßte, bei denen im Sinne der Selbstorganisation kleinste

Störungen zu dramatischen, eben katastrophalen Umstürzen im System führen. Das Massensterben von offenbar gesunden Fischpopulationen bei geringfügiger Verschlechterung der Wasserqualität ist ein Beispiel, welches den Namen Katastrophe wirklich verdient, der Zusammenbruch eines Aktienmarktes oder eines schwer belasteten Brückenpfeilers sind andere.

Auf gesellschaftlicher Ebene könnte man als Gegenbeispiel zu Rosa Parks vielleicht jenen Mann anführen, der 1914 den österreichisch-ungarischen Thronfolger Franz Ferdinand und seine Gattin ermordete und damit den Ersten Weltkrieg auslöste. Allerdings sind wir damit aber wieder zu den allerseltensten Fällen abgeglitten. Man sieht daran einmal mehr, wie schwierig es ist, dem Schmetterlingseffekt gerecht zu werden. Die Geschichte der Ermordung von Franz Ferdinand ist natürlich spektakulär und illustriert einmal mehr einen Fall, bei dem der Schmetterling einen gewaltigen Prozeß gesellschaftlicher Selbstorganisation auslöst.

Mich beeindruckt aber eigentlich viel mehr der unspektakuläre, dem eigentlichen Wesen des Chaos entsprechende Vorgang. Es geht darum, daß eine unbedeutende, geringfügige, niemals bekannt werdende Handlung, eine kleine Gemeinheit unter der Hand, das Schicksal des gesellschaftlichen Systems unvorhersagbar negativ bestimmen kann, ohne daß sie jemals ans Tageslicht kommt. Diese Macht von anonymen Schuftigkeiten ist viel gespenstischer und unheimlicher.

Es gibt beliebig viele Beispiele für solche problematischen «Schmetterlingsschläge». Für sie gilt dasselbe wie für die positiven Beispiele. Ihre Auswahl ist zufällig. Wieder muß man dem Wesen des Schmetterlingseffekts und der Komplexität der betrachteten Systeme Rechnung tragen. In der Woche, in der dieser Abschnitt geschrieben wurde, lassen sich willkürlich folgende Beispiele herausgreifen.

Ein Asylrichter in der Schweiz kommt zu dem Schluß, daß ein Kind aus Sri Lanka, das den Ausschaffungsbescheid erhielt, keinen Anwalt brauche. Der mittellose Junge ist Waise und spricht weder Deutsch noch Englisch. Der Touring Club der Schweiz fordert einen Fonds für den Privatverkehr und droht mit einer Initiative gegen eine «Extrawurst für den öffentlichen Verkehr».

Eine nicht genannte Person verhilft durch eine gezielte Indiskretion einem eben neugewählten Schweizer Bundesrat zur ersten Negativschlagzeile in den Boulevardmedien.

Hardliner bedrängen den neuen Staatschef Algeriens. Er gilt als Hoffnungsträger für die nationale Versöhnung.

Ein Heer von Anwälten kämpft um das Recht der Harvard-Universität, die Krebsmaus zu patentieren. Eine Gruppe von Forschern dieser Universität baute ein aktives menschliches Krebsgen in das Erbgut dieser beklagenswerten Maus.

Ein Journalist schreibt einen verlockenden Artikel über Weihnachten in Mexiko. «Bummel im Rummel» schlägt er vor und hat auch noch weitere «überseeische Shopping-Trips» auf Lager.

Ein Manager brüstet sich damit, daß er 400 Stunden im Monat arbeite. Eine Politikerin gesteht, daß sie ihre Kinder nur noch einmal wöchentlich wirklich sehe: am Sonntagabend.

Eine Reklame sorgt dafür, daß das Logo einer Zigarettenfirma sich als sympathisches Markenzeichen in die Gehirne senkt. Eine andere wirbt zynisch mit Umweltargumenten für eine Automarke.

Prozesse der Selbstorganisation können auch schlimme Konsequenzen zeitigen. Man muß dabei nicht einmal an das uferlose Grauen des Nationalsozialismus oder der Massenvergewaltigungen im Krieg des ehemaligen Jugoslawien denken. Auch dort spielten Selbstorganisationsprozesse bestimmt eine erhebliche Rolle. Nein, auch im Alltag des normalen Zusammenlebens spielen sich Dinge ab, wo man tatsächlich versucht ist zu sagen: «Zwar sind wenige Menschen wirklich schrecklich. Aber alle miteinander sind es manchmal.» Ich führe wieder spontan einige Beispiele aus der gleichen Woche des Jahres 1995 an. Rechtsradikale Jugendliche organisieren unter dem Deckmantel einer Geburtstagsparty ein Treffen, welches durch ein Großaufgebot der Polizei verhindert wird. Erwartet wurden drei Skinhead-Bands aus Deutschland und Aktivisten der rechtsradikalen Szene aus der ganzen Schweiz. Amir, der Mörder des israelischen Premierministers Rabin, beteiligte sich regelmäßig an Kampagnen des zivilen Ungehorsams, die verhindern sollten, daß den Palästinensern im Westjordanland Autonomie eingeräumt wird.

Der European Kings Club demonstriert, wie das Prinzip der Iteration gezielt verwendet werden kann, um leichtgläubige Investoren finanziell hemmungslos über den Tisch zu ziehen. Auf diesen Trick verstehen sich übrigens auch sogenannte «Bluff-NGOs», die sich darauf spezialisiert haben, wohlklingende Ziele wie «Frauenförderung», «ökologischer Landbau» oder «sanfter Tourismus» in gefällige Projektformen zu bringen und entsprechende Finanzierungsanträge an möglichst viele potentielle Geberorganisationen zu senden.

Wir alle wissen, daß die Aufzählung beliebig weitergehen könnte. Wenn man aber bedenkt, daß auch dies alles Beispiele für mögliche Schmetterlingseffekte sind, dann erst läuft es einem so richtig kalt über den Rücken hinunter. Die Macht des Schmetterlings bekommt auf einmal auch eine Dimension des Bösen. Die Frage nach Gut und Böse ist damit gestellt. Wer wird sie beantworten?

Vom Rollen der Glasmurmeln

Soziologen, Psychologen und Pädagogen nennen es «Postmoderne Entstrukturierung» oder «Differenzierung» oder «Individualisierung» oder «Neuer Pluralismus» oder «Neue Unübersichtlichkeit» – und meinen damit im Kern dasselbe: Es knirscht im Gebälk der Autoritäten und Instanzen – besonders betroffen sind Familie,

Kirche und die Politik. Institutionen und Werte verlieren an Einfluß; immer unabhängiger, auch immer einsamer muß jeder einzelne seinen Weg finden.[78]

Wer den Tod der Großen Männer heraufbeschwört, wird von diesen keine Antworten mehr bekommen. Es gibt niemanden mehr, der verbindliche Aussagen zu Gut und Böse machen könnte. Das Zitat am Anfang des Abschnittes macht dies sehr deutlich. Es gibt niemanden mehr, der die Rolle der moralischen Autorität übernehmen könnte. Ich erinnere mich gut, wie sich der bereits erwähnte Nobelpreisträger und Erfinder des Rastertunnelmikroskops Heinrich Rohrer in einem Interview um die Beantwortung der Frage herumwand, wie er denn zu reagieren denke, wenn er als Nobelpreisträger Stellung zu Zeitproblemen nehmen solle. Er konnte sie beim besten Willen nicht beantworten und: Wer würde es ihm übelnehmen? Die Zeiten, in denen die Kenntnis der Quantenphysik zur abschließenden Beantwortung aller Lebensfragen legitimierte, sind längst vorbei. Kürzlich sah ich im Fernsehen ein Interview mit der ebenfalls bereits erwähnten Christiane Nüsslein-Volhard, Nobelpreisträgerin für Medizin des Jahres 1995 und Erforscherin der Taufliegen-Gene. Auf die Gretchenfrage, wie sie's denn mit der Genmanipulation beim Menschen halte, reagierte sie ausweichend. Das einzige, was sie offenbar mit Bestimmtheit sagen konnte, war, daß ihre eigene Forschung nicht auf den Menschen anwendbar sei. Damit schien für sie das Thema erledigt, aber ihre Augen hatten einen unwohlen Ausdruck dabei. Vielleicht dachte sie an einen ihrer Kollegen, den Basler Biologieprofessor Walter J. Gehring, an dessen Biozentrum sie ihre jetzt preisgekrönte Arbeit seinerzeit begann. Dieser versah kürzlich eine ebensolche Fruchtfliege durch Genmanipulation mit sage und schreibe 14 Augen. Gehring scheint durchaus darüber zu spekulieren, ob man dank seiner Entdeckung eines Tages beim Menschen Organe nachwachsen lassen könnte. Immerhin ist der Hintergrund seiner Monsterfliege ein sogenanntes Master-Gen, welches vom Wurm bis zur Maus und zum Menschen die Entstehung des Auges einleitet. Mißbrauch von Gentechnologie am Menschen scheint aber auch Gehring nicht sonderlich zu fürchten: «Mikroelektronik und das darauf beruhende Fernsehen sind viel gefährlicher als Gentechnologie», befand der «Herr der Fruchtfliegen».[79] Vielleicht hat er ja recht damit, aber so richtiges Vertrauen in solche Aussagen will doch nicht aufkommen. Zu deutlich wird, daß diese Menschen zwar hervorragende Wissenschaftler sein mögen, vielleicht sogar solche mit durchaus integren Absichten, daß sie aber über zuwenig moralische Autorität verfügen, als daß wir uns ihnen bedenkenlos überantworten würden. Das ist auch gar nicht ihr Interesse. Ihr Interesse ist es, den Job möglichst gut auszuführen. Ob das richtig ist, darüber läßt sich natürlich streiten. Gerade Weizenbaum zum Beispiel kritisiert diese Einstellung heftig und macht auf die Verantwortung des Naturwissenschaftlers für seine Entdeckungen aufmerksam, ein Thema, das spätestens seit der Zündung der ersten Atombombe über Hiroshima aktuell ist.

Umgekehrt würde uns aber auch niemand überzeugen, der nur über Persönlichkeit und Ausstrahlung verfügte, aber über die modernen Erkenntnisse der Naturwissenschaften nicht Bescheid wüßte. Und zwar müßte er sich nicht nur in Physik oder Biologie oder Medizin auskennen, sondern in Physik und Biologie und Medizin und in allen übrigen Naturwissenschaften, die unsere moderne Wirklichkeit so sehr prägen.

Eine ganz offensichtliche Überforderung, die uns zeigt: Es kann eine solche moralische Autorität nicht mehr geben, die für uns über Gut und Böse entscheidet, die uns gewissermaßen eine Ethik aus einem Guß präsentiert, an der wir uns fraglos und jederzeit orientieren können.

Indessen besteht für eine solche Ethik wahrscheinlich auch gar kein Bedarf mehr. Eine monolithische Ethik im Zeitalter des Schmetterlings ist ein Widerspruch in sich selbst. Gesucht ist vielmehr ein ethischer Grundsatz, eine Grundeinstellung, kraft derer jeder einzelne seine eigene Entscheidung über Gut und Böse fällen kann. Jeder muß tatsächlich seinen Weg alleine finden, immer unabhängiger und vielleicht auch wirklich immer einsamer.

Ethische Entscheidungen werden noch dadurch erschwert, daß sie im Spannungsfeld des Paradoxes zwischen Verantwortung und Unvorhersehbarkeit der Konsequenzen fallen. Einerseits trägt jeder mit jeder seiner Handlungen durch den Schmetterlingseffekt Verantwortung für das Ganze. Andererseits kann er gerade wegen des Schmetterlingseffekts die Folgen seiner Handlungen nicht absehen. Um ein extremes Beispiel für diesen Sachverhalt anzugeben: Amir, der radikale israelische Siedler, der im Winter 1995 den israelischen Ministerpräsidenten Rabin ermordete, nahm mit seiner Handlung unabsehbare Konsequenzen mindestens für den Nahen Osten in Kauf. Vielleicht wollte er die Katastrophe auch tatsächlich herbeiführen. In diesem Fall aber mußte er am eigenen Leib und zum Glück für die Geschichte dieser Region erleben, daß sich der Schmetterlingseffekt auch im negativen Sinn nicht programmieren läßt. Wider Erwarten war das gesellschaftliche System in diesem Augenblick zunächst stabil. In diesem Augenblick. Aber, um es noch einmal zu betonen, das bedeutet nichts für den weiteren Fortgang der Geschichte im Nahen Osten. Niemals wird jemand schlüssig die Rolle Amirs einordnen können, ob der Nahe Osten nun befriedet wird oder ob die endlosen und blutigen Auseinandersetzungen weitergehen.

Was bleibt angesichts dieser komplexen Sachlage noch übrig? Welche Hilfe kann der einzelne in seiner schwierigen Lage überhaupt erwarten? Ich möchte eine mögliche Antwort in einem Bild geben, das gewöhnlich in einem ganz andern Zusammenhang, nämlich zur Erklärung der grundlegenden Idee der allgemeinen Relativitätstheorie verwendet wird.

Man stelle sich vor, daß wir im obersten Stock eines

153

Hauses auf dem Balkon stehen und in den Hof hinunterschauen. Dort sehen wir Kinder mit Glasmurmeln spielen. Sie werfen diese Murmeln, und wir schauen zu, wie sie über den Boden rollen. Sie rollen nicht etwa in einer geraden Linie, sondern viel komplizierter. Von unserem Standpunkt aus sieht es fast so aus, als ob die Murmel in jedem Moment komplizierte Entscheide fälle und dann je nach Ergebnis nach links oder nach rechts abbiege. In Wirklichkeit wissen wir natürlich, daß die Kugel keineswegs Entscheide fällt, sondern der Oberfläche und den Unebenheiten des Bodens folgt. Die Beschaffenheit des Bodens bestimmt den Lauf der Kugel.

In der allgemeinen Relativitätstheorie wird dieses Bild benutzt, um die sogenannte Krümmung des Raumes zu veranschaulichen. Mir geht es hier um eine Art von «Krümmung des Handlungsraumes». Der einzelne, so stelle ich es mir vor, ist wie die Glasmurmel, die auf ihrem Weg dahinrollt. Wie die Murmel fällt er keineswegs ständig Entscheide über Gut und Böse, richtig und falsch (die er so, wie wir gesehen haben, gar nicht mehr fällen kann). Sein Handeln wird vielmehr durch einen Hintergrund, einen übergeordneten Gesamtzusammenhang, gewissermaßen durch eine Topographie[80] des Handlungsraumes bestimmt. Solche Topographien, so glaube ich, sind möglich, und ich möchte im folgenden eine davon skizzieren. Daß sie sich zwanglos aus der Theorie der nichtlinearen Physik entwickelt, scheint im Rahmen dieses Buches besonders befriedigend. Sie mündet in eine Ethik der «Ehrfurcht vor dem Leben», wie sie schon Albert Schweitzer vorschlug.

Ehrfurcht vor dem Leben ist eine solche Topographie im Raum der Handlungen, nicht mehr, aber auch nicht weniger. Wer sich ihr anvertraut, rollt unbeirrt wie die Glasmurmel der Kinder. «I'm on my way now, got on my travelling shoes», sagt der Gospel.

11 Die Physik der Lebenskraft

Das Barrier-Riff

Kürzlich zeigte das Fernsehen einen Film über das australische Barrier-Riff, wo rund 400 000 Arten in einer riesigen Gemeinschaft zusammenleben, und der Moderator verglich es mit einem Urwald, wo sich vielleicht 900 000 Arten zur je eigenen Selbstorganisation anregen. Eine unüberblickbare Vielfalt! Durch die Technik – ein interessantes, aber einseitiges System – haben wir uns dieser Vielfalt beraubt und damit des Elans, der im Leben des Urwalds brodelt. (Bürgin)[81]

Das Barrier-Riff. Stellen wir uns vor, wir nähern uns dieser 2500 Kilometer langen Korallenbank mit dem Flugzeug. Wenn das geheimnisvolle Gebilde dunkel aus der Bläue des Korallenmeers auftaucht, dann liegt vor uns eines der größten Naturwunder dieser Erde. Ein Ökosystem, auftauchend scheinbar aus dem Nichts, mit einer Tier- und Pflanzenwelt von einer Vielfalt und Dichte, die jener der tropischen Urwälder in nichts nachsteht. Mindestens 400 000 verschiedene Arten leben dort miteinander und voneinander, und wir alle haben bestimmt schon wunderbare Bilder von dieser Welt im Kleinen, von bunten Korallenfischen und phantastisch geformten Seeanemonen gesehen.

Das Barrier-Riff scheint geradezu ein Symbol zu sein für einen Mythos, der die Menschen schon immer beschäftigte, jenen der Lebenskraft. Wie anders als mit Hilfe einer verborgenen Lebenskraft könnte aus dem Nichts des Ozeans ein solches Kleinod geboren werden? Man kann es sich gut vorstellen, wie sich in der Wasseroberfläche eine Art Blase bildet, ein Keim, aus dem dann Leben in unerschöpflicher Phantasie von Farben und Formen sprießt.

Seit jeher hat die Vorstellung einer Lebenskraft die Menschen beschäftigt. Man denke zum Beispiel an das Konzept des Eros des sonst eher spröden griechischen Philosophen Aristoteles. Die Welt ist, so Aristoteles, vom Streben nach mehr Aktualität, mehr Bestimmtheit, mehr Form beseelt. Oder ein anderes Beispiel: der *élan vital* des französischen Philosophen Henri Bergson, die schöpferische Kraft der Evolution, die letztlich das Wunder des Menschen hervorbringt.

Zwei Aspekte faszinieren uns an dieser Lebenskraft, so wie sie sich uns im Bild des Barrier-Riffs, aber im Grunde auch in jeder noch so kleinen Magerwiese mit ihrer Blumenpracht und ihrem Insektenreichtum darstellt. Das eine ist die schöpferische Potenz. Eine gewaltige, überquellende, nie erlahmende Schaffenskraft, eine gestalterische Lust scheint am Werk zu sein, die mühelos Tiere und Pflanzen immer wieder von neuem schafft, denn wohlverstanden, zwar scheint das Barrier-Riff seit Epochen immer dasselbe zu sein, aber selbst die Korallenstöcke, scheinbar der Fels, der das Ganze trägt, erneuern sich ununterbrochen von selber.

Der zweite Aspekt, der fast noch mehr überwältigt, ist der verschwenderische Reichtum an Formen und Farben, an Konzepten und Gestalten. Ein Künstler scheint am Werk mit schier unerschöpflicher Phantasie und einem Ideenreichtum, der ohne Grenzen scheint und keine Sparsamkeit kennt.

Lebenskraft, ein Mythos, der die Menschen während Jahrtausenden in aller Selbstverständlichkeit begleitete und ihr Verständnis des Phänomens Leben prägte. In dieser Selbstverständlichkeit war das Staunen über die Schönheit, die Ehrfurcht vor der Vollkommenheit und wohl auch ein Gefühl der Geborgenheit enthalten, welche das Leben sinnvoll und die Welt verständlich machte.

Interessanterweise ist es gerade die nichtlineare Physik, welche den Begriff der Lebenskraft, und zwar genau die beiden Aspekte, die wir vorher erwähnten, die überquellende gestalterische Phantasie und die grenzenlose schöpferische Kraft, in neuer Form thematisiert. Chaos und Selbstorganisation, schon diese Wortschöpfungen verraten eine außerordentliche Nähe zu diesen beiden Aspekten. Chaos, die unübersehbare, grenzenlose Variation und Vielfalt. Selbstorganisation, die Fähigkeit der Materie zu spontaner Selbstordnung. Die beiden Prinzipien, die wir in diesem Buch vor allem im Rahmen gesellschaftlicher Überlegungen kennenlernten, spielen auch in der Biologie eine zentrale Rolle.

Modelliert man nichtlineare Systeme mit mathematischen Gleichungen, so zeigen sie ein fast so wildwucherndes und formenreiches Eigenleben wie die Natur, eine tatsächlich ungebärdige Lebenskraft, wie man es sich in der scheinbaren Zwangsjacke der Mathematik kaum vorstellen möchte. Aber es ist tatsächlich in erstaunlichem Maße möglich. Nicht einmal der Computer zähmt diese Kreativität. Vor staunenden Augen entstehen auf dem Bildschirm magische Farben- und Formenwelten, die ein grafisches Abbild der ungestümen Lebenskraft dieser nichtlinearen Systeme sind.

Tatsächlich eignet diese Lebenskraft nichtlinearer Systeme also bereits der unbelebten Materie. Insofern unterscheidet sie sich zum Beispiel grundlegend vom *élan vital* des Henri Bergson. Bergson, als sogenannter (Neo-)Vitalist, betrachtete Lebenskraft als etwas grundsätzlich Neues, der unbelebten Materie Fremdes, welches von außen dazukommen muß, um der Materie Leben einzuhauchen. Die Physik der nichtlinearen Systeme scheint anzudeuten, daß Lebenskraft vielmehr eine Grundeigenschaft der Materie an sich ist. Wir werden später noch auf dieses Thema zurückkommen.

157

Selbstorganisation und Lebenskraft

Daß die Prinzipien der Chaostheorie unmittelbar mit der unübersehbaren Vielfalt der Lebensformen zusammenhängen, haben wir schon mehrfach dargestellt. Was Selbstorganisation mit Leben zu tun hat, wird man sich vielleicht eher fragen. Immerhin führten wir das Prinzip der Selbstorganisation anhand des Lasers ein. Dort bedeutete sie, daß Milliarden und Abermilliarden von optisch aktiven Atomen im Gleichtakt ihre Lichtwellen ausschleudern und zu einem Laserstrahl vereinen.

Ein Laser ist natürlich kein Lebewesen, aber er hat verblüffende Ähnlichkeiten mit dem sogenannten Schleimpilz, einem einfachen Lebewesen. Der Schleimpilz, *Dictyostelium discoideum*, besteht primär aus einer Kolonie von einzeln lebenden Amöben, die sich unter ungünstigen Nahrungsbedingungen zu einem pilzartigen Körper von mehreren zehntausend Zellen zusammenschließen. Genauere Untersuchungen zeigen, daß der Hauptmechanismus, der diesen Zusammenschluß ermöglicht, darin besteht, daß die einzelnen Amöben damit beginnen, einen chemischen Botenstoff, das cyklische Adenosinmonophosphat (cAMP), auszuscheiden. Wird eine einzelne Amöbe von diesem Botenstoff erreicht, so beginnt sie ihrerseits cAMP in vermehrtem Maß auszuscheiden. Diesen iterativen Mechanismus haben wir schon einmal angesprochen. Tatsächlich ist er mit jenem der stimulierten Emission von Licht durch die angeregten Leuchtatome des Lasers außerordentlich verwandt und führt zur Koordination der Bewegungen der einzelnen Amöben. So wie der Laserstrahl das Produkt der Selbstorganisation der Leuchtatome des Lasers ist, so ist der Schleimpilz das Produkt der Selbstorganisation der Amöben.

Die Analogie zwischen Laser und Schleimpilz zeigt anschaulich eines der physikalischen Hauptmerkmale des Lebens: die ungeheuer große innere Ordnung. Zunächst mag dies vielleicht erstaunen, aber physikalisch gesehen ist der hohe Grad von innerer Ordnung tatsächlich eine der entscheidenden Eigenschaften des Lebens. Umgekehrt leuchtet diese Aussage wahrscheinlich sehr viel mehr ein. Fragte man jemanden, was für ihn das herausragende Merkmal von Krankheit und Tod sei, dann würde er antworten: die gestörte Ordnung, also die Unordnung. Mit dem Eintreten des Todes beginnt sogar die Verwesung, der sichtbare Abbau der ursprünglichen wunderbaren Ordnung im lebenden Körper.

Im Zusammenhang mit dem Prinzip der Selbstorganisation bemerkten wir bereits, daß Ordnung in der Physik etwas ganz Kostbares, Außergewöhnliches ist. Die Norm in einem physikalischen System ist eigentlich immer die Zunahme der Unordnung. Diese wichtige Erkenntnis heißt: der zweite Hauptsatz der Thermodynamik. Eine mögliche Fassung lautet: In einem isolierten System nimmt die Unordnung, die sogenannte Entropie, stets zu. Wenn die Physik in diesem Zusammenhang drastisch davon spricht, daß ein isoliertes System «den Wärmetod stirbt», dann deutet dies bereits den engen Zusammenhang des Begriffs der Entropie mit jenem des Alterns oder zumindest der Abnutzung an. Tatsächlich ist der Vorgang der Autolyse, der Selbstauflösung, nach dem Tod eines Lebewesens nichts anderes als ein direktes Spiegelbild des zweiten Hauptsatzes der Thermodynamik. Vor seinem Tod hingegen scheint das Lebewesen auf geheimnisvolle Art vor dessen Macht gefeit zu sein. Lange Zeit wurde die Existenz des Phänomens Leben daher in der Physik geradezu als Paradox angesehen. Statt den Gesetzen des Wärmetodes zu erliegen, waren Lebewesen im Gegenteil dadurch charakterisiert, daß sie ihren Ordnungsgrad nicht nur aufrechterhielten, sondern im Rahmen des Wachstums sogar Schritt für Schritt ausbauten. Es schien keinen Weg zu geben, «die Existenz von Leben überhaupt zu erklären, es sei denn als monströser ‹Unfall›, der die unumschränkte Herrschaft des zweiten Hauptsatzes der Thermodynamik zeitweilig außer Kraft setzte».[82]

Dann aber entwickelte sich die Thermodynamik Schritt für Schritt weiter, und mit jedem dieser Schritte wurde deutlicher, daß Leben durchaus kein physikalisches Paradox war. Lebewesen, so zeigte sich, sind eben keine isolierten Systeme. Sie sind vielmehr sogenannte offene Systeme, das heißt, sie tauschen Energie und Materie mit ihrer Umgebung aus. Bei offenen Systemen kann aber die innere Ordnung unter gewissen Bedingungen wirklich zunehmen.

Mit der Entdeckung und Erforschung der nichtlinearen Physik fand diese Entwicklung ihren vorläufigen Höhepunkt. Offene Systeme, so ergab sich jetzt, lassen die Zunahme der inneren Ordnung nicht nur einfach zu. Unter gewissen Umständen suchen sie sogar einen Zustand auf, in dem die innere Ordnung sprunghaft ansteigt: Selbstorganisation. Eine Bedingung dafür kennen wir bereits: Das System muß eine Katalyseschleife enthalten. Die andere Bedingung spielt hier keine Rolle: Das System muß sogenannt gleichgewichtsfern sein. Über die Wichtigkeit dieses Faktors spreche ich in meinem Buch *Das Geheimnis der Hundertjährigen*.[83]

Das Prinzip der Selbstorganisation schien zunächst nicht weniger seltsam und phantastisch, als ob die Physiker eine neue Variante der Urzeugung gefunden hätten. Zwar waren es nicht die Maden und Würmer, welche plötzlich aus einem Stück faulen Fleisches herauskrochen, wie es noch im 17. Jahrhundert allgemeingültiger Glaube war. Aber die Dinge standen seltsam genug. Da gab es chemische Uhren, Gemische von chemischen Substanzen, welche im Takt, wie von Geisterhand, zum Beispiel von gelb auf blau und von blau wieder auf gelb wechselten. Banale Flüssigkeiten bildeten beim Erwärmen die wunderbarsten Wabenmuster (die Bénard-Zellen), auch sie scheinbar aus eigenem Bestreben und ohne äußeren Einfluß. Nachdem die Erforschung des Lasers begonnen hatte, dauerte es nicht lange, bis man im kalten Weltraum Hinweise auf interstellare, spontane Lasertätigkeit entdeckte.

Die größte Fundgrube für Beispiele der Selbstorganisation, so wurde bald klar, war aber das Leben selber. So wie lebendige Systeme tausend Beispiele für chaotisches Verhalten liefern, genau so war es nun beim Thema der Selbstorganisation. Ob Embryogenese, Pflanzenphysiologie, Neurologie oder Stoffwechselvorgänge, überall führten die Prinzipien der Selbstorganisation zu vielversprechenden Ansätzen. Plötzlich war Leben nicht mehr ein physikalisches Paradox, welches sich seine Existenz durch faule Taschenspielereien gegen die hehren Gesetze der Physik erschlichen hatte. Nun war es vielmehr der Inbegriff, die raffinierteste und vollkommenste Verwirklichung eines physikalischen Grundprinzips. Zu leben: Das war nun plötzlich gleichsam ein Urwunsch der Materie, in den grundlegendsten physikalischen Prinzipien verankert und festgeschrieben.

Wahrlich ein Perspektivenwechsel! Vom faulen Zauber, von den Hütern des hehren Grals der Physik bestenfalls mit hochmütigem Augenaufschlag toleriert, zur faszinierenden und zentralen Ureigenschaft des Lebens, die sich überall durchsetzt, wenn man sie nur läßt, selbst im Computer, wenn man die Muster der fraktalen Geometrie als elementare, wenn auch im Verhältnis lächerlich simple Variante der Lebenskraft zuläßt.

Lebenskraft steigt wie Phönix aus der glühenden Asche der linearen Physik. Tatsächlich macht uns die nichtlineare Physik sogar erst die wahre Dimension dieses Phänomens klar. Zwar ist die Vorstellung der alten Biologen von der Urzeugung endgültig passé, aber was sie ersetzt, ist nicht weniger geheimnisvoll und alchimistisch. Auf der tieferen Ebene der physikalischen Gesetze ist das ganze Universum, inklusive der sogenannt toten Materie, von einem ungeheuren, sinnlichen, inhärenten Gestaltungsdrang beseelt. In der Tat, Aristoteles hatte völlig recht: Die Welt ist vom Eros beseelt, mehr Gestalt, mehr Form, mehr Leben zu werden.

12 Ehrfurcht vor dem Leben

Das Gewebe des Lebens

Der Mensch selber nimmt in diesem Konzept der Lebenskraft eine doppelte Position ein. Einerseits ist er selber das wandelnde Beispiel dessen, wozu das Prinzip der Selbstorganisation *in extremis* fähig ist. Andererseits ist er körperlich und funktionell in eine Biosphäre eingebettet, die ihrerseits wieder auf anderer Ebene dasselbe Prinzip repräsentiert. In diesem Sinne zeigt der Mensch auf seiner Stufe die Organisationsform der Biosphäre auf ihrer umfassenderen Stufe.

Man spricht bei solchen Gelegenheiten von Selbstähnlichkeit, vom sogenannt fraktalen Aufbau, welcher die Gestalt selbstorganisierender Systeme meistens prägt. So wie die filigranen Blättchen eines Farnkrautes bis in ihre kleinsten Verzweigungen die Organisationsform des Farns als Ganzes, die Fiederung, widerspiegeln, genauso findet sich das Prinzip der Selbstorganisation, der Eros der Materie gewissermaßen, auf verschiedenen Stufen der Biosphäre wieder.

Und zwar sind das durchaus mehrere Stufen. So sind auch einzelne Organe des Menschen wiederum auf dem Prinzip der Selbstorganisation aufgebaut. Das Gehirn zum Beispiel ist geradezu der Inbegriff eines selbstorganisierenden Systems, und die Lunge, um nur ein Beispiel zu nennen, repräsentiert sogar in ihrer äußeren Form, der mannigfachen Verästelung der Bronchien, fraktale Geometrie. Der Stoffwechsel zeigt nachgewiesenermaßen alle Merkmale der Selbstorganisation, und die einzelne Zelle ist geradezu ein Prototyp dieses Prinzips.

Auf diese Art löst sich die Individualität des einzelnen Organismus auf geheimnisvolle Weise auf. Denn in der Tat:

Individualität ist ein Organisationsbegriff, und an welcher Grenze soll er sich orientieren? An der herkömmlichen des einzelnen Menschen, an den Organen, an der einzelnen Zelle? Daß diese Frage nicht so akademisch ist, wie sie zunächst erscheinen mag, zeigt gerade das Beispiel des Schleimpilzes, welches, wenn es nicht wirklich existierte, geradezu erfunden werden müßte. Jedesmal, wenn die Amöben, aus denen dieses skurrile Lebewesen besteht, ihren bemerkenswerten Tanz der Selbstorganisation beginnen, vollführen sie das Kunststück, einen der entscheidenden Schritte der Ontogenese zu reproduzieren, nämlich den Zusammenschluß einzelner Zellen zu höheren Verbänden, und führen uns damit gegenständlich die unversehens knifflige Frage vor Augen: Wer ist denn hier nun das Individuum, bitte schön? Sind es die einzelnen Amöben, die sich gewissermaßen gesellschaftlich organisieren, oder ist es der Pilz, der sich je nach Umständen ab und zu in seine Einzelteile auflöst?

Die Beantwortung dieser Frage wird nicht einfacher durch ein besonders charakteristisches Merkmal der Selbstorganisation: Sie funktioniert nur innerhalb von Grenzen, die offen sind, das heißt welche durchlässig für Materie und Energie sind. Ich werde auf diese Tatsache in diesem Buch nicht weiter eingehen. Hier soll sie nur andeuten, daß das Prinzip der Grenze tatsächlich enorm fragwürdig wird. Selbstorganisation braucht offene Grenzen. Grenzen, welche durchlässig für Einwirkungen aller Art sind, und es stellt sich wahrlich die Frage, ob in diesem Zusammenhang überhaupt der Begriff der Grenze der richtige ist.

Denn die Schleimpilzfrage stellt sich wohlverstanden auch für den Menschen, und zwar nicht nur nach unten, auf der Stufe der Organe und Zellen, sondern auch nach oben, auf der Stufe der menschlichen Gesellschaft. Menschen bilden Gesellschaften, und eine solche Gesellschaft, so stellten wir fest, ist ihrerseits wieder ein selbstorganisierendes System auf höherer Stufe. Hier stellt sich die Schleimpilzfrage folgendermaßen: Wer ist hier das Individuum, der Mensch, der sich zu einer Gesellschaft zusammenschließt, oder die Gesellschaft, die aus einzelnen Menschen besteht? Auch hier bekommt eine zunächst scheinbar forcierte Fragestellung auf einmal ganz gewaltigen Hintersinn. Es ist nämlich die uralte Frage nach dem Teil und dem Ganzen, die dahinter aufscheint, und sie bekommt plötzlich eine zusätzliche, tiefere Dimension.

Die Welt erscheint uns jetzt wie ein kostbares, schimmerndes Gewebe, in dem ein Muster mit dem nächsten untrennbar verwoben und verflochten ist. Kein Teil dieses Gewebes kann herausgelöst werden, ohne daß das Ganze zerrissen wird, keiner verstanden werden, ohne das Prinzip der Selbstähnlichkeit auf tieferer und höherer Ebene zu berücksichtigen. Es ist ein ganz einmaliges Gewebe, das wir vor uns haben. Die Welt des Lebendigen, unerreicht in ihrem Farben- und Formenreichtum, Zeugnis einer sprudelnden Phantasie kosmischen Ausmaßes. Gewoben von der Selbstorganisation, gestaltet aber von ihrer physikalischen Schwester, dem Chaos.

Albert Schweitzer

Ich schließe damit den Kreis dieses Buches, denn der verlängerte Arm des Chaos ist der Schmetterlingseffekt. Die Welt des Lebens mitgestalten heißt: den Schmetterlingseffekt in Anspruch nehmen. Er bedeutet den richtigen Umgang mit dem köstlichen Biogewebe. Er zerreißt nicht, vergewaltigt nicht, sondern gestaltet, ohne seinen Stempel aufprägen zu wollen. Wir verstehen nun auch das Schmetterlingsgefühl, dem wir seit dem Beginn unserer Gedankenreise auf der Spur sind. Es ist Ausdruck des schwerelosen Teils im Ganzen, des Mittanzens in einem göttlichen Reigen der seidenen Fäden, die den Teppich des Lebens weben, der in seiner Gestalt und Zeichnung in jedem Moment durch den Schmetterlingseffekt neu erschaffen wird.

So entsteht das Mysterium des Lebens neu aus der Physik nichtlinearer Systeme, und in seinem Zentrum steht der Schmetterlingseffekt als Mittler und Bindeglied zwischen Chaos und Selbstorganisation, durch deren Zusammenspiel Lebenskraft entsteht, am Anfang dieses Abschnittes symbolisiert durch das Barrier-Riff im blauen Korallenmeer. Aus dieser seiner zentralen Position heraus wird auch verständlich, warum mir der Schmetterlingseffekt per se als Handlungsmaxime so geeignet erscheint. Wer sich ihm verpflichtet, wird eine Einstellung entfalten, die zutiefst lebensfreundlich und lebenszugewandt ist. Nur dann wird er ihm wirklich gerecht werden, sein Potential wirklich ausschöpfen, wenn er aus einer Einstellung heraus handelt und lebt, die man mit «Ehrfurcht vor dem Leben» umschreiben könnte.

Der Begriff der «Ehrfurcht vor dem Leben» stammt von Albert Schweitzer. Dieser Theologe, Philosoph, Organist, Arzt und Friedensnobelpreisträger war eine der großen Gestalten der ersten Hälfte unseres Jahrhunderts. Gewiß fällt er als solche ebenfalls unter die Kategorie der Großen Männer, und es ist mittlerweile auch bekannt, daß er, was Autoritätsanspruch und patriarchale Manieren anbelangt, diesem Etikett alle Ehre antat.[84] Und doch paßt er nicht so ganz in dieses Schema, was man nur schon aus seiner Biographie ersieht. Mit gut dreißig Jahren, eben auf dem Weg, zu einem führenden Prediger und Philosophen der damaligen Zeit zu werden, und außerdem am Beginn einer ungewöhnlichen Laufbahn als Organist, entschied er sich zum Entsetzen seiner Umgebung zu einem Medizinstudium, nicht etwa, um seine glanzvolle Karriere weiterzuführen, sondern um ein Spital in Zentralafrika, in Lambarene, zu gründen. Ein Vorgehen, das in der damaligen Zeit als glatter Karrieremord gelten konnte.

Auf der Suche nach einem Prinzip, welches dem Kraftloswerden der ethischen Kultur, wie er es nannte und wie er es in zwei Weltkriegen aus der Nähe erleben konnte, die Stirn bieten könnte, prägte er den Begriff der «Ethik der Ehrfurcht vor dem Leben». Wie er anschaulich in seinem gleichnamigen Buch[85] beschreibt, fand er ihn, als er müde und verzagt auf einem alten Dampfer im Ogowefluß saß, der ihn stromaufwärts zu einem Patienten brachte. Es war die Zeit des Sonnenuntergangs, und er sah plötzlich zu seiner Linken auf einer Sandbank vier Nilpferde mit ihren Jungen. In diesem Moment, so Schweitzer, realisierte er, daß Ehrfurcht vor dem Leben der Schlüsselbegriff einer neuen Ethik sein könnte.

So fern und pittoresk uns diese Szene vorkommen mag, zu seiner Zeit hatte Schweitzers Idee eine mächtige Ausstrahlung, die das Denken vieler Menschen prägte, die nach den beiden verheerenden Kriegen aufbrachen, um den Schrecken und die Grausamkeiten zugunsten einer lebenswerten Zukunft zu überwinden. Wie sehr eine Ethik der Ehrfurcht vor dem Leben dem in diesem Buch verfolgten Konzept von Leben entspricht, mag ihr Kernsatz verdeutlichen, die «fundamentale Tatsache», wie es Albert Schweitzer nannte: «Ich bin Leben, das leben will, inmitten von Leben, das leben will.» Oder, im typischen, etwas umständlichen Duktus Schweitzers: «Als gut gilt, Leben erhalten, Leben fördern, entwickelbares Leben auf seinen höchsten Wert bringen. Als böse: Leben vernichten, Leben schädigen, entwickelbares Leben niederhalten. Dies ist das denknotwendige, universelle, absolute Grundprinzip des Ethischen.»

Gaia

Mag das Wort Ehrfurcht vor dem Leben auch sehr allgemein und etwas unlebendig klingen, so ist doch das, was damit bezeichnet wird, etwas, das den Menschen, in dessen Gedanken es einmal aufgetreten ist, nicht mehr losläßt.[86]

In diesem Zitat macht Schweitzer selber auf ein gewisses Manko in seinen Schriften aufmerksam, das vielleicht vor allem aus dem damaligen Zeitgeist heraus erklärbar ist und heute mehr stört als damals. Es ist das Oberlehrerhafte, Strenge in seinen Aussagen. Man hätte es gerne etwas lieblicher und etwas freud- und lustvoller. Immerhin steckt im Wort «Ehrfurcht» noch immer die Furcht, ob es nun die Furcht vor dem Leben oder die Furcht vor dem Zeigefinger der Ethik sein mag.

Albert Schweitzer selber war eine sehr vielschichtige Figur, der Humor und Lebenslust durchaus nicht fremd waren. Aber vielleicht ist dieser strenge Beigeschmack seiner Schriften mit ein Grund, warum seine Gedanken, die in der ersten Hälfte dieses Jahrhunderts eine wichtige Rolle spielten, wieder vergessen wurden. Ein anderer Grund dafür ist wahrscheinlich die kritische Würdigung als «Ikone des Paternalismus und Kolonialismus», die er sich in späten Jahren zu Recht gefallen lassen mußte.[87]

Wie dem auch sei, der Gedanke der «Ehrfurcht vor dem Leben» scheint es jedenfalls wert zu sein, wieder aufgegriffen zu werden. Mit aktuellen, zeitgemäßen Inhalten versehen, könnte er die Basis für eine neue, tragfähige Ethik abgeben. Die Physik der nichtlinearen Systeme scheint dafür ein geeigneter Ausgangspunkt. Wenn Albert Schweitzer vom «Willen zum Leben» spricht und «von dem Geheimnis bewegt ist, daß alles, was ist, Wille zum Leben ist»,[88] so ist er gar nicht weit entfernt von der urtümlichen Lebenskraft, die man in den selbstorganisierenden Systemen der nichtlinearen Physik entdeckt.

Ich möchte in diesem Zusammenhang den Begriff der sogenannten Gaiahypothese kurz streifen, weil er einige erstaunliche Parallelen zu unseren eigenen Überlegungen aufweist. Jenen Biologen, die sich vom herkömmlichen martialischen Blickwinkel des konventionellen Darwinismus befreien können, ist das subtile Gewebe des Lebens nämlich auch nicht entgangen. Sie bestreiten, daß Hackordnung und erbarmungsloser Kampf ums Überleben die wesentlichen Triebkräfte für die Entstehung der Mannigfaltigkeit der Biosphäre sind, und stellen vielmehr die Symbiose,[89] das Miteinander-Zusammenleben als älteste und erfolgreichste Strategie der Evolution in den Vordergrund. Die Vorstellung, «daß alle Lebewesen – wie die gesamte Oberfläche des Planeten – biologische Zusammensetzungen sind, quasi Kolonien symbiotischer Wesen, die sich im Laufe von Äonen zusammengeschlossen haben», und sich «selbst die archaischen Bakterien, die früher als die einfachsten Lebewesen betrachtet wurden, dieser neuen Sichtweise gemäß zu Systemen entwickelten, die innerhalb von Systemen existieren»,[90] kommt den von uns auf der Basis der physikalischen Idee der Selbstorganisation entwickelten Gedanken erstaunlich nahe. Die Aussage: «Vom symbiotischen Standpunkt aus gibt es jedoch – von den ersten Bakterien abgesehen – überhaupt keine ‹Individuen›. Alle Lebewesen sind per se Gemeinschaften»,[91] ist mit den von uns verwendeten Formulierungen praktisch identisch.

Vor diesem Hintergrund wählten der Chemiker James Lovelock und seine Mitarbeiterin Lynn Margulis den Begriff «Gaia»,[92] um das symbiotische Netzwerk der lebenden Organismen, den Superorganismus des Lebens zu bezeichnen. Interessant ist in diesem Zusammenhang, daß sich Lovelock und Margulis bei der Einführung dieses Begriffs durchaus betont sachlich und naturwissenschaftlich gaben. Sie benützten ihn nach eigenen Worten nur, um eine prägnante Bezeichnung zur Hand zu haben, und verwahrten sich gegen jeden schwärmerischen Mißbrauch des Wortes. Lovelock sagte, wenn er seiner Hypothese nicht den poetischen Namen Gaia gegeben hätte, wäre er vielleicht auf eine Bezeichnung wie «Universale biokybernetische Systemtendenz» verfallen.

Natürlich ist es illusorisch zu meinen, man könne einen Begriff der klassischen Antike übernehmen und ihn gänzlich vom ursprünglichen Kontext entkleiden. Gaia war bei den alten Griechen Mutter Erde, die erste und älteste Göttin,[93] mütterliche Spenderin der Früchte und des Lebens, aber auch Todesgöttin und alles in sich aufnehmende Macht, und ganz so wurde Lovelocks Gaiahypothese denn auch interpretiert. Das führte zu scharfer Kritik aus traditionellen wissenschaftlichen Kreisen und ebenso enthusiastischer Gefolgschaft bei der weltweiten ökologischen Bewegung, die freilich auf Lovelocks ursprüngliche Intentionen wenig Rücksicht nahm.

Wie dem auch sei, vielleicht ist es gar nicht schlecht, sich der antiken Bedeutung von Gaia zu erinnern. Vom physikalischen Standpunkt her läßt sich jedenfalls durchaus ein anarchischer Zug urtümlicher Fruchtbarkeit in der Gaiahypothese ausmachen. Es ist die am Anfang dieses Kapitels geschilderte unbändige Lebenskraft der nichtlinearen Systeme, welche die Bildschirme mit phantastischen Grafiken überzieht, der Materie schöpferische Kraft einhaucht und Leben zu einer Ureigenschaft des Universums macht, die sich zweifellos nicht nur auf unserer Erde durchgesetzt hat (die Entdeckung des ersten Planeten außerhalb unseres Sonnensystems durch die beiden oben erwähnten Schweizer Astronomen hat gerade dieser Diskussion wieder Auftrieb gegeben). Vielleicht ist Gaia wirklich die große Urmutter und Göttin, in der das Herz der Selbstorganisation schlägt und die mit dem funkelnden Gewand des Chaos bekleidet ist.

Auf jeden Fall haucht die Gaiahypothese der etwas starren Ethik der Ehrfurcht vor dem Leben buchstäblich «neues Leben» ein. Was gefehlt hat, ein Schuß Lebenslust, eine Prise heidnischer Fruchtbarkeit, ist jetzt da. Umgekehrt wird Gaia durch die humanistische Strenge der Ehrfurcht vor dem Leben im Zaum gehalten und gebändigt. Beide tun einander gut und lassen ihr Gegenüber sich erst richtig entfalten. Eine neue Ethik entsteht, lebensfreudig und ehrfürchtig.

Wer sich aber dieser Ethik verpflichtet fühlt, dessen Instrument ist der Schmetterlingseffekt. Denn, das darf man nicht vergessen, Gaia ist das schimmernde Gewebe des Lebens. Große Männer und große Taten machen nichts als Löcher in dieses Netz. Nur Schmetterlinge verstehen es, mit den silbernen Fäden des Lebens zu weben.

Wie sehr dies in der Nachfolge Albert Schweitzers liegt, mag abschließend folgendes Zitat von ihm verdeutlichen: «Was uns die Fähigkeit und den Willen zum Miterleben bedroht, ist die sich immer wieder aufdrängende Überlegung: ‹Es nützt ja nichts! Was du tust und kannst, um Leiden zu verhüten, um Leiden zu mildern, um Leben zu erhalten, ist ja doch nichts im Vergleich mit dem, was geschieht auf dieser Welt, um dich herum, ohne daß du etwas dazu tun kannst.›» Aber: «Das wenige, das du tun kannst, ist viel!» Mit diesen Sätzen ist genau das Schmetterlingsprinzip umrissen, ohne daß Albert Schweitzer freilich etwas davon wissen konnte.

13 Chaosethik

Ehrfurcht vor dem Leben in mir und außer mir

Ethik ist Ehrfurcht vor dem Willen zum Leben in mir und außer mir.[94]

Das zentrale Anliegen einer neuen Ethik ist die Ehrfurcht vor dem Leben. Es ist aber nicht eine starre und ängstliche Ehrfurcht, sondern eine, die der Lebenskraft verpflichtet ist, die die nichtlineare Physik als Grundeigenschaft der Materie ausweist.

Interessanterweise findet sich hier wieder ein Bezug zu Franz von Assisi, denn Albert Schweitzer, der den Begriff prägte, verstand diesen als Fortsetzung der Ethik des heiligen Franziskus (was natürlich mit unseren eigenen Überlegungen übereinstimmt). Albert Schweitzer schreibt: «In Unterhaltungen, die ich über die Ethik der Ehrfurcht vor dem Leben zu führen hatte, bekam ich öfters zu hören, daß meine Botschaft eigentlich eine Wiederholung der des heiligen Franziskus von Assisi sei. Darauf war ich schon von selber gekommen. Von meiner Studentenzeit her war ich ein Verehrer dieses tiefsten der Heiligen. Er hat die Verbrüderung der Menschen mit der Kreatur als eine himmlische Botschaft verkündet.»[95] Insbesondere zeigt dies auch, daß Schweitzer selber trotz seines Hangs zu autoritären Formulierungen ein Flair für die Fröhlichkeit von Mutter Erde hatte.

Dazu kommt aber noch etwas anderes. Ehrfurcht nämlich, und das gefällt mir sehr an diesem zutiefst humanistischen Begriff, bringt unweigerlich das Thema der Verantwortung auf den Plan. Richtig verstanden bedeutet sie nämlich nicht einfach blankes Bestaunen, sondern Aufforderung dazu, dieses Staunen in Bewahrung und Pflege umzusetzen, Verantwortung für das Bewunderte zu übernehmen. Es ist aber eine Art von Verantwortung, die nicht dominiert und dem andern seinen Stempel aufdrücken will, sondern fördert und respektiert.

Es kommt noch etwas dazu. Nimmt man die besprochenen Erkenntnisse der modernen Physik und Biologie, wonach Leben ein unteilbares Ganzes der Selbstorganisation auf verschiedenen Ebenen ist, wirklich zum Nennwert, so wird auch die Ehrfurcht vor dem Leben, die damit verbundene Zuneigung und die Verantwortung dafür unteilbar. Niemand kann das Leben um ihn herum wirklich lieben, wenn er nicht die Kostbarkeit seines eigenen Lebens begreift, und niemand kann sein eigenes Leben wirklich lieben, wenn er sich nicht als Teil des ihn umgebenden Lebens versteht. Genau dasselbe gilt für die Verantwortung. Verantwortung für sich selber, «das Leben in mir», wie es Schweitzer nannte, ist untrennbar verbunden mit der Verantwortung für die lebende Umwelt, für «das Leben außer mir».

«Ehrfurcht vor dem Leben in mir und das Leben außer mir» – im modernen Sprachgebrauch geht es dabei für mich um Gesundheitsförderung und Umweltschutz. Sie sind also zwei Seiten ein und derselben Medaille. Ich möchte diesen Grundsatz nochmals ausdrücklich formulieren, weil er meines Erachtens zentral ist und weil ihm zu wenig Beachtung geschenkt wird. Nur wer sein eigenes Leben, seinen eigenen Körper, seine eigene Gesundheit liebt und pflegt, kann wirklich ein guter Umweltschützer sein. Umgekehrt wird niemand seiner eigenen Gesundheit gerecht werden können, der nicht auf dem Boden einer umfassenden Zuwendung und eines integralen Verantwortungsgefühls für seine Um- und Mitwelt steht. Beides gehört untrennbar zusammen, ist Ausdruck des gleichen Selbstverständnisses und desselben Lebensgefühls.

Nehmen wir zum Beispiel das Thema der Hierarchie, welches in diesem Buch eine wichtige Rolle spielt. In Kapitel 8 sprachen wir darüber, wie gefährlich es ist, sich auf dieses Prinzip zu stark einzulassen. Wer nach oben will, nimmt ruinöse Arbeitszeiten in Kauf. Machtkämpfe, der Druck der Verantwortung und die innere Gespanntheit zerren an den Nerven. Meist besteht keine Zeit mehr für körperliche Bewegung, das Sandwich zwischen zwei Terminen, Aperitifs und Geschäftsessen spotten jedem Ernährungsgrundsatz. Nur zu oft kann der Überforderung nur mit Alkohol und Stimulantien standgehalten werden. Wer so lebt, praktiziert natürlich keine Ehrfurcht vor dem «Leben in mir». Meist verliert er aber auch jedes Sensorium für das «Leben außer mir». Wie soll er sich um Blätter von irgendwelchen Bäumen kümmern, wenn er seinen eigenen Körper gnadenlos verschleißt! Was bedeutet ihm der Verlust einer Tierart, wenn er das darwinistische Prinzip des Überlebens des Stärkeren so sehr verinnerlicht hat, daß er nicht einmal mit sich selber Mitleid hat, sollte er unterliegen? Und was soll ihm eine Naturlandschaft bedeuten außer eine auszubeutende Ressource, wenn die einzige ihn interessierende Szene das Chefbüro ist?

Natürlich ist dies jetzt überzeichnet, und gerade unter der jüngeren Generation, die jetzt die Chefsessel erklimmt, finden sich immer öfter Gesichter, die hoffen lassen. Aber auch sie werden es schwer haben. Denn solche Posten fordern Umweltzerstörung geradezu heraus. Die Zeit drängt, Erfolgsstrategien werden überregional, Präsenz an Kongressen und Sitzungen muß markiert werden. Auto und Flugzeug werden als Transportmittel unentbehrlich. Die Zeit drängt und die Arbeit türmt sich, und nur zu bald landet auch der einsichtigste Jünger der Hierarchie wieder bei dem ehernen Antischmetterlingsgesetz: Man kann kein Großer Mann werden, wenn man nicht mehr Dreck produziert, als man selber beseitigt.

So führt fehlender «Innenweltschutz» zwangsläufig zu fehlendem Schutz der Umwelt. Das Umgekehrte scheint vordergründig nicht immer zu gelten. Mich beschäftigt zum Beispiel, daß die an sich erfreulich positive Fitneßwelle zu einer echten Umweltbelastung zu werden droht, wenn man allein an die Autolawine denkt, die in der Freizeit durch die Gegend rollt, um Joggern, Skifahrern und Bikern zu ihrer körperlichen Bewegung zu verhelfen. Solche Absurditäten scheinen sich kurzfristig durchaus auszuzahlen, sieht man sich die knackigen Sportler auf den Parkplätzen an. Mittelfristig aber wird der Schuß nach hinten losgehen. Die Ozonbelastung der Luft oder der Schneemangel bei Klimaveränderungen, welche die Bewegungsfreiheit schon bald empfindlich einschränken könnten, sind ein Vorgeschmack davon.

Solche Betrachtungen sind wichtig und führen auf einer sachlichen Ebene durchaus zum richtigen Schluß, daß Ehrfurcht vor dem Leben in mir und Ehrfurcht vor dem Leben um mich herum unteilbar zusammengehören. Es geht mir aber um noch mehr. Es geht um eine ganzheitliche Einstellung zum Leben, das wir selbst verkörpern und das uns umgibt.

Gesunde Lebensweise und Umweltschutz sollten nicht nur Ergebnis sachlicher Kosten-Nutzen-Analysen sein, sondern Ausdruck eines eigenen Bedürfnisses, welches, davon bin ich überzeugt, jeder wirklich gesunde Mensch in sich verspürt. Irgendwo, tief unten, hat das etwas mit Glück und auch etwas mit Liebe zu tun, den zwei wunderbaren Triebfedern des Lebens, nach denen sich die Menschen seit jeher so sehnen.

Das Instrumentarium, um eine derartige Ehrfurcht vor dem Leben zu praktizieren, steht bereit. Sowohl in bezug auf die Erforschung der Grundlagen von Gesundheitsförderung und Umweltschutz als auch in der Umsetzung in praktische Konzepte und Information und Motivation der Bevölkerung wurde in letzter Zeit Erhebliches geleistet. Jeder, der sich darüber orientieren will, kann dies mit Leichtigkeit tun. Er findet in Fernsehen, Zeitschriften und Büchern eine Fülle von informativem und attraktiv gestaltetem Material, und Broschüren und Kampagnen öffentlicher Institutionen helfen ihm, den Überblick zu behalten und die Spreu vom Weizen zu trennen.

Konzepte zur gesunden Lebensführung und zum Schutz der Umwelt sind also da. Sie sind ausgereift, meist sehr einfach anzuwenden, in ihrer Wirksamkeit abgesichert und warten nur darauf, in die Tat umgesetzt zu werden. Damit bekommen die zahllosen Beispiele in diesem Buch eine vertiefte Bedeutung. Ob ein einzelner, der auf biologisch angebaute Vollwertnahrung umstellt, oder eine NGO, die sich für das ökologische Gleichgewicht auf unserem blauen Planeten einsetzt, ob ich morgens joggen gehe oder in einer Gruppe gegen Gentechnologie kämpfe, immer geht es um Beispiele praktisch gelebter Ehrfurcht vor dem Leben.

Salutogenese und Pathogenese

Zwar möchte ich in diesem Buch nicht auf einzelne Strategien der Gesundheitsfürsorge und des Umweltschutzes eingehen, aber ich möchte auf eine neue Entwicklung in diesen Bereichen hinweisen, die mit einer Ethik der Ehrfurcht vor dem Leben sehr verträglich erscheint.

In der konventionellen Präventivmedizin herrschte bisher die Sichtweise vor, die Umwelt als eine stete Quelle der Gefahr für die Gesundheit des Menschen zu begreifen. Der Name selber, Präventivmedizin, vorbeugende Medizin, weist auf diese defensive Grundhaltung hin. Es ging darum, herauszufinden, was für den Körper schädlich sei, und Strategien zu entwickeln, wie man ihn vor diesen schädlichen Einflüssen möglichst gut schützen könne. Der bereits einmal zitierte Medizinsoziologe Antonovsky nannte dies die pathogenetische Fragestellung.

Der Wert der pathogenetischen Fragestellung ist unbestritten. Immerhin trug sie reiche Früchte. Das Prinzip der Hygiene wurde entwickelt und in Gesellschaft und Medizin eingeführt. Risikofaktoren wie Nikotin und Alkohol wurden identifiziert und der Kampf dagegen aufgenommen. Impfungen wurden erforscht und in großem Stil durchgeführt. Trinkwasserfluoridierung und die Einführung von Vorsorge-Untersuchungen sind andere Beispiele für diese Strategie.[96]

Heute rückt aber zunehmend das Gegenstück der pathogenetischen Fragestellung in den Vordergrund. Nicht mehr die Frage, was macht den Menschen krank, sondern: was macht ihn gesund, ist nun Gegenstand des Interesses. Diese nach Antonovsky sogenannt salutogenetische Fragestellung ist neu, und es gibt noch nicht viele Antworten darauf. Antonovskys Antwort kennen wir bereits. Er legt großen Wert auf das von ihm so genannte Kohärenzgefühl. Das Gefühl der Verständlichkeit, der Machbarkeit und der Bedeutsamkeit des eigenen Lebens gehören zu einem gesunden Menschen. In Kapitel 9 dieses Buches haben wir darauf hingewiesen, wie sehr der moderne Mensch gerade aus dieser Sicht gefährdet ist und daß der Schmetterlingseffekt für das Erreichen eines adäquaten Kohärenzgefühls sehr wichtig werden kann.

Antonovskys Antwort ist seiner Herkunft gemäß eine medizinsoziologische. Ausgehend von unsern eigenen Überlegungen kann man das pathogenetische Konzept als Ausdruck einer Zeit interpretieren, die von der klassischen Physik des zweiten Hauptsatzes der Thermodynamik geprägt ist. Es wurde bereits darauf hingewiesen, daß unter diesem Blickwinkel Leben ein physikalisches Paradox zu sein schien, viel weniger natürlich als der Tod, der im «Wärmetod» einen physikalischen Bruder hatte. Es liegt auf der Hand, daß in einer durch solche Konzepte geprägten Zeit die pathogenetische Fragestellung im Vordergrund stand. In einer primär lebensfeindlichen Welt galt es den Kampf gegen die Gefahren des Lebens aufzunehmen.

Interessant ist, daß Antonovsky selber trotz seines neuartigen Ansatzes durchaus im Geist seiner Zeit verhaftet blieb, indem seine Version der salutogenetischen Fragestellung sich damit beschäftigt, warum ein Mensch trotz einer primär feindlichen Umwelt gesund bleiben könne. Die moderne nichtlineare Physik offeriert nun einen Standpunkt, der weit darüber hinausgeht. Leben ist nicht mehr ein Paradox, sondern Ausdruck einer urtümlichen Lebenskraft, welche der Materie inhärent ist und in der Theorie der Selbstorganisation ihren naturwissenschaftlichen Ausdruck findet. Die salutogenetische Frage muß also nicht heißen: Was erhält den Menschen gegen eine primär lebensfeindliche Umwelt gesund, sondern: Wie kann man die Gesundheit des Menschen in einer primär lebensfreundlichen Umwelt fördern?

An anderem Ort[97] habe ich bereits ausgeführt, daß die nichtlineare Physik selber eine klare Antwort bietet, wie dies erreicht werden kann. Bekannte und in ihrer Wirksamkeit gesicherte Gesundheitsstrategien wie Rohkost, körperliches und geistiges Training, aber auch eher der Erfahrungsmedizin zuzurechnende Methoden wie Kneippsche Güsse oder Funktionelle Entspannung bekommen eine naturwissenschaftliche Begründung und können zu einem neuen Präventionskonzept, ich nenne es im Unterschied zur konventionellen Prävention die «offene Prävention», zusammengefaßt werden. Das Bild eines vitalen Menschen entsteht, der, um nur einige Stichworte zu nennen, für seine Gesundheit und sein Wohlbefinden adäquate Herausforderungen im Rahmen seiner Fähigkeiten, Erziehung zu Ich-Stärke und intensiven, lustvollen Kontakt mit seiner natürlichen Umwelt braucht.

Obwohl die pathogenetische Fragestellung zweifellos auch wichtig ist und nicht aus den Augen verloren werden sollte, darf sie die Gesundheitsfürsorge nicht mehr so dominieren wie bisher. Die salutogenetische Frage ist für mich sehr viel näher bei einer praktischen Verwirklichung der Ehrfurcht vor dem Leben, vor allem wenn sie mit einer über Antonovsky hinausgehenden Konsequenz gestellt wird. Wie kann ich an der sich auf allen Organisationsebenen der Materie manifestierenden Lebenskraft der Selbstorganisation teilhaben, wie kann ich mir diese sprudelnde Quelle des Lebens erschließen und zu ihr Sorge tragen? Der Inbegriff einer wahrhaft ethischen Fragestellung!

Ich bin daher überzeugt, daß der salutogenetische Ansatz auch auf den Umweltschutz übertragen werden sollte. So wie der Mensch nicht aus Angst vor Krankheit und Tod, sondern aus Zuwendung zu seiner natürlichen Lebenskraft gesund leben soll, so soll er nicht aus Angst und schlechtem Gewissen gegenüber seiner Umwelt ökologisch leben, sondern aus tiefer innerer Verbundenheit mit der Lebenskraft der Natur, deren verwobener Teil er ist. In beiden Fällen geht es nicht um fade, frömmlerische Verzichthaltung, sondern um das Zurückfinden zur tiefsten, grundgesetzlichen Kraftquelle der Natur. Ein solcher Mensch geht nicht in Sack und Asche, sondern strahlt Vitalität und Lebenslust aus. Die Frage soll nicht heißen: Wie kann die Umwelt trotz den unersättlichen Ansprüchen des Menschen überleben, sondern: Wie können Mensch und Umwelt gemeinsam und sich gegenseitig ergänzend am Grundprinzip der Lebenskraft teilhaben? Das ist gelebte Ethik der Ehrfurcht vor dem Leben.

Ein Stockwerk höher

Wir sind ein Teil der Erde, und sie ist ein Teil von uns. Die duftenden Blumen sind unsere Schwestern, die Rehe, das Pferd, der große Adler – sie sind unsere Brüder. Die felsigen Höhen, die saftigen Wiesen, die Körperwärme der Ponys – und des Menschen – sie alle gehören zur selben Familie [. . .] Der Mensch schuf nicht das Gewebe des Lebens, er ist darin nur eine Faser. Was immer ihr dem Gewebe antut, das tut ihr euch selber an.
(Häuptling Seattle)[98]

Wie groß der Schritt Albert Schweitzers mit der Formulierung einer Ethik der Ehrfurcht vor dem Leben war, zeigt die Tatsache, daß, wie Eugen Drewermann in seinem eindrücklichen Buch *Der tödliche Fortschritt* schreibt,[99] «es kaum möglich scheint, auf dem Boden der Bibel eine umfassende, nicht nur auf den Menschen bezogene Ethik der

Natur zu begründen. Die Bibel selbst enthält außer einer einzigen kümmerlichen Stelle, daß der Gerechte sich seines Viehs erbarmt, und dem Gebot, dem dreschenden Ochsen nicht das Maul zu verbinden, nicht einen einzigen Satz, wo von einem Recht der Tiere auf Schutz vor Roheit und Gier des Menschen oder gar auf Mitleid und Schonung in Not die Rede wäre.» Drewermann erklärt diese erschreckende Tatsache, die freilich über Jahrhunderte keinen Menschen zu beschäftigen schien, damit, daß das Christentum politisch und kulturell das Erbe von zwei speziellen Geisteshaltungen antrat, einerseits der römischen Kultur und andererseits der Religion Israels.

Für die römische Kultur war die Welt, wie Cicero schrieb, «in erster Linie der Götter und Menschen wegen geschaffen worden, aber all ihre Einrichtungen sind nur zum Nutzen der Menschen ersonnen und ausgeführt». Die Religion Israels andererseits ist eine Wüstenreligion, welche, wie Drewermann ausführt, die Erde niemals gütig und warm nach Art der großen Mutter zu sehen vermocht hat. «Daß Gott imstande ist, dem Menschen ‹Most, Öl und Wein› sowie ‹Weizenmark und Felsenhonig› zu geben, darin erschöpft sich der hebräische Lobpreis der Schöpfung.»

Das Christentum entwickelt sich also im Schnittpunkt zweier naturfremder Kulturen. Aus ihrem Zusammenwirken entstand schließlich die Kultur des Abendlandes und letztlich auch die moderne Naturwissenschaft und Technik. So gesehen ist deren lebensfeindlicher Charakter nichts weniger als erstaunlich, sondern eine logische Frucht des geistigen Bodens, aus dem sie wuchs. Daß Leben in diesem Kontext zu einem befremdlichen Paradox wird und die Förderung und Entwicklung der Technik überall Priorität erhält, scheint dann nur adäquat.

Tatsächlich ist gerade die Technik effektiv auf dem besten Weg, die ganze Welt in ein Abbild ihrer Herkunftslandschaft zu verwandeln, in eine Wüste nämlich, allerdings nicht in eine natürliche, sondern eine künstliche aus Asphalt und Beton. Der große Unterschied besteht aber darin, daß die natürliche Wüste wie die ganze Natur ein Kind der nichtlinearen Gesetze ist und als solche Perioden überwältigender Fruchtbarkeit kennt, ja überhaupt unter der glühenden Sonne ein intensives und vielfältiges Leben zeigt, wogegen die Asphaltwüste der Städte ein Produkt linearer Technik und als solche steril und tot ist. Manchmal hat man geradezu den Eindruck, daß diese Verödung der Welt mit System und missionarischem Eifer vorangetrieben wird. Täglich, stündlich, ja alle Minuten ergießt sich der Beton über den Boden und erstarrt dort zu Stein. Wie eine graue Schuppenflechte überkrustet er die feuchte, atmende Haut der Erde und erstickt alles Leben darin und darunter.

Aber die Betonmischmaschinen sind bekanntlich nur die Vorhut. Kaum sind die Armierungseisen gelegt und der Beton hineingegossen, dann werden schon Leitungen gespannt und Glasfaserkabel gezogen, Maschinen installiert und Motoren angeworfen. Eine lineare Welt entsteht im Handumdrehen, eine Welt der Technik und der Maschinen, eine berechenbare, voraussagbare Welt. Nicht daß sie etwa nur schlecht und schrecklich wäre, diese neue Welt. Sie hat durchaus ihren Reiz und ihre Faszination. Aber, und das wird nur zu leicht vergessen: Sie ist auf der toten Haut unseres blauen Planeten aufgebaut, und auf ihrem Pflaster wachsen kaum noch einige kümmerliche Alleebäume, und sicher keine Blumenwiesen.

Schmetterlinge gibt es in diesen Gefilden bekanntlich schon lange keine mehr, und es steht zu befürchten, daß auch die Schmetterlinge in unserem übertragenen Sinne unter diesen Bedingungen aussterben. Denn die mystische Erfahrung der Einheit mit der Natur scheint in der Wüste der Stadt schlicht unmöglich. Von Schwester Sonne und Bruder Mond unter Neonleuchten und im Dunstschleier der Abgase zu singen scheint absurd, und vom Entzücken an der Gesellschaft von Vögeln und Bäumen ist ohnehin keine Rede mehr. So besteht die große Gefahr, daß ein unheilvoller Teufelskreis in Gang kommt.

Menschen, die in einer synthetischen Umgebung aufgewachsen sind, die niemals die Schönheit unverletzter Natur erlebten, tragen auch die Sehnsucht nach ihr nicht in ihrem Herzen. Wer wollte es ihnen verübeln, wenn sie auch kein Bedürfnis verspüren, Sorge zu ihr zu tragen. Aufgewachsen in einer linearen Welt der Technik, laufen sie Gefahr, selber zu Kunstprodukten zu werden und damit auch zu mindestens passiven, vielleicht aber sogar aktiven Helfershelfern der Zerstörung unserer eigenen Lebensgrundlagen zu werden. Diese «Verrücktheit» unserer Lebensweise ist der bedrohliche Ausdruck des spirituellen Defizits, welches weder vom Christentum und offenbar schon gar nicht von den hierarchisch und patriarchal strukturierten Kirchen gedeckt werden kann.

Dieses Defizit wird von immer mehr Menschen wahrgenommen. Viele flüchten sich in Konsumwut, Hedonismus, legale oder illegale Drogen. Die Explosion des Konsums von Antidepressiva spricht diesbezüglich eine beredte Sprache. Auf der andern Seite wird aber auch die Suche nach Alternativen immer intensiver. Von indianischen Weisheiten über neue Naturmystik, Sekten und allerlei esoterische Lehren bis zu Prozak, der neuen Wunderdroge, die angeblich den glücklichen Menschen erzeugt, wird vieles in Anspruch genommen. Werke wie die berühmte Rede des Häuptlings Seattle, des Indianerhäuptlings, der damit angeblich im Jahr 1855 auf das Ansinnen der Weißen antwortete, ihnen das Gebiet seines Stammes zu verkaufen, oder die Weisheiten des Papalagi, eines (fingierten) Südseeinsulaners, der die weiße Kultur aus seiner Perspektive beschreibt, sind seit Jahrzehnten Bestseller. Zwar weist vieles darauf hin, daß sie nicht authentisch sind,[100] aber darum geht es gar nicht. Sie zeugen von der Sehnsucht des modernen Menschen nach einem Wissen, das er verloren hat. Daß diese Bücher zu Tausenden gekauft werden, ungeachtet aller Zweifel an ihrer Echtheit, die immer wieder geäußert werden, zeigt, daß sie einen tiefen Wunsch ausdrücken, der in den Herzen vieler Menschen verborgen liegt.

In vielem mag Wahrheit stecken, in einigem, wie gerade in der Weisheit des Häuptlings Seattle, die einige Themen aus diesem Buch nochmals anklingen läßt, sogar viel Wahrheit. Eines scheint mir indes sicher. Wenn es tatsächlich so ist, daß die Zeit der Großen Männer dem Ende zugeht und ein neues Zeitalter des Schmetterlings anbricht, dann wird die Lösung eben nicht von einem Großen Mann kommen. Vielmehr wird sich im Sinne der Selbstorganisation ein neuer gesellschaftlicher Konsens bilden müssen, der unserer Kultur eine neue spirituelle Basis gibt. Diese wird den eigentlich nicht sehr groß anmutenden Schritt vom «Liebe deinen Nächsten wie dich selbst» zur «Ehrfurcht vor dem Leben in mir und um mich herum» machen müssen.

Vielleicht ist gerade die unübersehbare Vielfalt spiritueller Ansätze und religiöser und halbreligiöser Lehren, die unsere Zeit charakterisiert, Ausdruck des chaotischen Zustands, der komplexe Systeme oft vor dem Übergang in den Zustand der Selbstorganisation kennzeichnet. Irgendeine dieser Fluktuationen wird sich vielleicht einmal, durch entsprechende Randbedingungen gefördert, verstärken und zu einem neuen spirituellen Konsens führen. Jeder und jede, die aktiv mitdenkt, mitfühlt und mitsucht und ihren Gedanken und Ideen in irgendeiner Form Ausdruck verleiht, kann zu einem Schmetterling werden, der den Prozeß der gesellschaftlichen Neuorientierung vielleicht unwissentlich auslöst.

Epilog

Als Kind erlebte ich noch Wiesen, in denen, betrat man sie, Wolken von glitzernden Schmetterlingen aufstoben. Dieses Bild ist mein großes Traumbild. Genau so soll es werden. Mir selber hat die Arbeit an diesem Buch große Zuversicht gegeben. Allzusehr ist unsere Aufmerksamkeit im allgemeinen durch Negativschlagzeilen in Anspruch genommen. Tagtäglich konzentrieren sich die Berichte der Medien auf Kriege, Verbrechen und auf Menschen mit üblen Absichten. Während meiner Recherchen zu diesem Buch wurde mir allmählich bewußt, wieviel Schönes und Erfreuliches es wahrzunehmen gibt. An allen Orten und zu allen Zeiten, in jedem Winkel der Welt, finden sich Menschen, die sich für ihre Überzeugungen und Ideale einsetzen, und es wird auch täglich über sie berichtet. Man muß nur die Augen offenhalten und sie nicht vor lauter Entsetzen über Schlechtes und Böses übersehen.

Natürlich darf man auch den umgekehrten Fehler nicht machen. Die Welt ist nicht einfach gut, weil es auf ihr unzählige Menschen mit guten Absichten gibt. Der Schmetterlingseffekt ist für mich die einzige erfolgversprechende Hilfe angesichts einer oft erschreckenden Gegenwart und einer Zukunft, die von allzu vielen Macht- und Gewaltbesessenen verstellt scheint. Es ist ein fataler Irrtum, diese Menschen mit ihren eigenen Waffen schlagen zu wollen. Wenn man nicht überhaupt daran zerbricht, wird man genauso hart, egozentrisch und machtbesessen wie sie. Das aber ist ihr schlimmster Sieg. Sie besiegen den anderen dann gewissermaßen von innen heraus. Das geschieht meines Erachtens vielen Menschen, Männern und Frauen.

Das Schöne am Schmetterlingseffekt ist gerade, daß man selber kein Krieger sein muß, um ihn zu benützen. Kein

Gegenkrieg soll ausgerufen werden. Der Schmetterling tut es auf seine Weise, wie Waggerl sagte. Und doch meldet sich immer wieder die bange Frage zur zweiten Aussage in seinem Gedicht: Liebt Gott wirklich das Leise? Dazu noch ein letzter Gedanke.

In Kapitel 10 dieses Buches sahen wir, daß Chaos und Selbstorganisation, die beiden großen Gestaltungsprinzipien der nichtlinearen Physik, dem Leben wieder einen Platz im Zentrum des Universums zuweisen. Lebenskraft wird wieder zu einer der grundsätzlichen, definierenden Eigenschaften der Materie. Tatsächlich häufen sich in letzter Zeit in der Physik Forschungsergebnisse, die sogar zeigen, daß die physikalische Realität in subtilster Weise im Hinblick auf die Entstehung von Leben konzipiert sein könnte. Man bekommt wirklich fast den Eindruck, als ob alles geradezu «gemacht» sei, um Leben entstehen zu lassen.

Ob aus Elementarteilchen Atomkerne werden mußten oder ob bei der Kernverschmelzung im Zentrum heißer Sterne schwere Elemente entstehen sollten, ob es um die exquisiten Eigenschaften von Wasser ging (nur Eis, der Festkörper von Wasser, schwimmt auf seiner eigenen Flüssigkeit) oder um die stoffliche Zusammensetzung des Urmeeres, immer brauchte es ganz spezielle Bedingungen, damit das Selbstorganisationsexperiment Leben starten und bis heute laufen konnte. Kohlenstoff zum Beispiel, das chemische «Lebenselement» schlechthin, benötigt zu seiner Bildung derart ausgefallene Bedingungen, daß der Entdecker dieses «Nadelöhrs der Lebensentstehung», der britische Astrophysiker Fred Hoyle, ausrief, das Universum scheine geradezu dafür entworfen zu sein, Leben auf Kohlenstoffbasis hervorzubringen.[101]

Man nennt diese Feststellung auch das anthropische Prinzip. Der große Physiker John Wheeler formulierte es so: «Man stelle sich ein Universum vor, in dem die eine oder andere der kleinsten elementaren Konstanten der Physik nur um wenige Bruchteile verändert wäre. Der Mensch hätte in einem solchen Universum nie entstehen können. Das ist der zentrale Punkt des anthropischen Prinzips. Dieses Prinzip besagt, daß bereits im Kern der gesamten Maschinerie des Universums und der Gestaltung der Welt ein lebengebender Faktor liegt.»[102]

Wie bemerkenswert diese Feststellung aus dem Mund eines Naturwissenschaftlers ist, läßt sich daran ermessen, daß noch 1979 der Biochemiker Jacques Monod das Bild des Menschen als das eines Zigeuners am Rande des Universums definierte und damit seine absolute Zufälligkeit und das Fehlen jeglicher gesetzmäßiger Beziehungen ausdrükken wollte. «Inzwischen», so schreibt der Physiker Peitgen, «haben sich die Anzeichen verdichtet, daß der Mensch eher als Ausdruck der hohen schöpferischen Kraft der Natur zu sehen ist [...] So gesehen kann die Naturwissenschaft dazu führen, den Menschen in den richtigen Proportionen zum Universum zu sehen. Hat er auch keine ausgezeichnete Position, so ist er doch ein durchaus erstaunliches Ergebnis.»[103]

Für mich persönlich ist es angesichts solcher Äußerungen nur noch ein kleiner Schritt, sich zu wundern und zu fragen, wer denn dieses phantastische Wirkungsgefüge geplant habe. Wer war denn nun der geniale Konstrukteur dieses filigranen Gesamtkunstwerks? Ob man die Antwort nun Gaia, Mutter Erde oder schlicht Gott nennt, die Frage nach dem Schöpfer ist jedenfalls gestellt. Es ist ein Schöpfer, der für sein wundervolles Kunstwerk des Lebens weder Hammer noch Meißel braucht, sondern die mächtige Kraft der Selbstorganisation und die verspielte Phantasie ihrer Schwester, des Chaos.

Liebt dieser Schöpfer das Leise? Er liebt jedenfalls das Leben.

Und er liebt sicher Schmetterlinge.

Anhang

Einleitung: Für wen dieser Anhang gedacht ist

In diesem Anhang geht es um eine kurze Darstellung der physikalischen Hintergründe dieses Buches. Eigentlich ist die Physik, welche für sein Verständnis notwendig ist, in die einzelnen Kapitel hineingewoben. Insofern kann es nicht darum gehen, die ganze Thematik noch einmal von vorne aufzurollen. Trotzdem scheint mir aber eine kurze, naturwissenschaftlich orientierte Zusammenfassung der Sachverhalte sinnvoll. Sicher wird die Lektüre des Anhangs für einen naturwissenschaftlich weniger versierten Leser relativ anspruchsvoll, vielleicht auch mühsam sein, zumal ich hier einige Grundlagen der Physik voraussetze. In diesem Fall kann auf den Anhang problemlos verzichtet werden; er stellt lediglich eine Vertiefung der physikalischen Sachverhalte dar, ohne der Hauptaussage des Buches selber etwas hinzuzufügen.

Insgesamt möchte ich aber auch im folgenden eine möglichst anschauliche Darstellung wählen und insbesondere auf mathematische Formulierungen weitgehend verzichten. Wer über dieses Maß hinaus an einer konsistenten Theorie von Chaos und Selbstorganisation interessiert ist, sei auf die anschließenden Literaturangaben verwiesen.[104]

Der Phasenraum

Die Chaostheorie setzt sich mit der zeitlichen Entwicklung von Systemen auseinander. Dazu muß man ihren jeweiligen Zustand und die dazugehörige Dynamik (das heißt Angaben darüber, wie sich der Zustand zeitlich ändert) kennen. Es bewährt sich, dazu die Darstellung im sogenannten Phasenraum zu wählen, weil man dann topologische Methoden zur qualitativen Analyse der zeitlichen Entwicklung benützen kann.

Der Phasenraum eines Systems ist ein abstrakter Raum, dessen Koordinaten die Komponenten des Zustandes sind. Er entspricht auch in einfachsten Fällen nicht etwa dem vertrauten geometrischen Raum unserer praktischen Vorstellung. Um den Zustand eines punktförmigen Körpers vollständig zu bestimmen, brauchen wir zum Beispiel die drei Koordinaten seines Ortes und zusätzlich die drei Koordinaten seines Impulses, also einen sechsdimensionalen Phasenraum. Nur wenn die Bewegung durch Randbedingungen eingeschränkt ist, vermindert sich auch die Dimension des Phasenraumes. Die Wahl der Koordinaten ist frei, und je nach Problemstellung bietet sich die eine oder andere Darstellung an. Für die Untersuchung einer Planetenbahn kann es zum Beispiel von Vorteil sein, sogenannte Polarkoordinaten zu benutzen. Der Phasenraum eignet sich aber auch zur Darstellung ganz anderer Systeme. So könnte man zum Beispiel ein ökologisches Modell in einem Phasenraum darstellen, dessen Koordinaten die Populationen einzelner Spezies angeben.

Die zeitliche Entwicklung eines Systems wird dann durch eine Trajektorie im Phasenraum dargestellt. Das System startet in einem bestimmten Zustand und durchläuft mit der Zeit die verschiedenen Punkte der Trajektorie. Diese ist nicht etwa mit einem räumlichen Weg zu verwechseln. Im Fall des punktförmigen Körpers ist der räumliche Weg, den er in der Zeit zurücklegt, nichts anderes als die Projektion auf die drei Raumkoordinaten. In einem ökologischen Modell zum Beispiel kann von einem Weg im ursprünglichen Sinn des Wortes gar nicht die Rede sein.

Die Trajektorie im Phasenraum beschreibt also die jeweilige Geschichte, die ein System durchläuft. Ihr Verlauf wird durch die Dynamik des Systems bestimmt. Die mathematische Beschreibung der Dynamik geschieht durch ein System von Differentialgleichungen. Ohne Einschränkung der Allgemeinheit sind es Differentialgleichungen erster Ordnung. In diesem Fall kann man sich ein Vektorfeld im Phasenraum vorstellen, welches in jedem Punkt die Tangente an eine mögliche Trajektorie darstellt. Das Gleichungssystem lösen bedeutet dann, zu jedem möglichen Ausgangspunkt des Systems eine Trajektorie zu finden, die sich dem vorgegebenen Vektorfeld der Differentialgleichungen optimal anschmiegt. Die Gesamtheit der Lösungen kann man sich dann als eine Art Strömungslinienbild im Phasenraum vorstellen (Abb. 1).

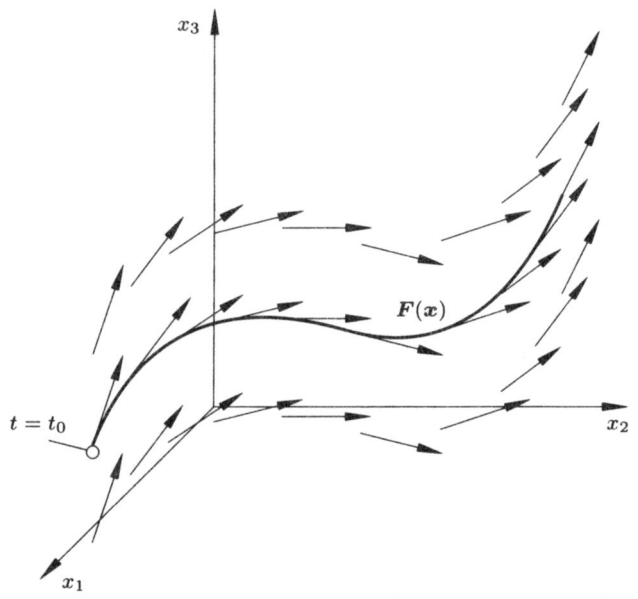

Abb. 1: *Trajektorie und Geschwindigkeitsfeld im dreidimensionalen Phasenraum. Aus: J. Argyris et al.*, Die Erforschung des Chaos, S. 32.
t_o = *Startpunkt.* F (x) = *Vektorfeld*

Im Idealfall lassen sich diese Lösungen durch direkte Integration des Differentialgleichungssystems finden. Man spricht dann von einer geschlossenen Lösung und erhält eine Formel, die jeden zukünftigen Zustand des Systems als Funktion der Anfangswerte und der Zeit angibt. In einem solchen Fall läßt sich jede Frage bezüglich der Zukunft des Systems durch einfache Berechnung beantworten.

Solche Fälle sind allerdings selten. Zwar weckte der anfängliche Erfolg bei der Suche nach geschlossenen Lösungen bei vielen einfachen physikalischen Systemen große Hoffnungen, doch diese wurden bereits im letzten Jahrhundert durch Poincarés berühmte Preisarbeit für die schwedische königliche Akademie endgültig zerstört. Poincaré konnte zeigen, daß bereits das Dreikörperproblem nicht integrierbar ist. Wie zentral diese Fragestellung für die damalige Physik war, zeigt sich nur schon an der Geschichte der Preisfrage, die sich fast wie ein «Who's who» der Mathematik der damaligen Zeit liest. Es war nämlich der große Mathematiker Weierstrass, der die Preisfrage für die Akademie formulierte, und sein Ziel dabei war, einen Beweis wiederzufinden, von dem angeblich Kronecker kurz vor seinem Tod seinem Schüler Dirichlet erzählt hatte.

Poincarés Arbeit war der erste Schritt auf einem langen Weg, der den Mathematikern und Physikern ermöglichen sollte, auch nichtintegrable Systeme zu behandeln und zu verstehen. Die von ihm begründete Theorie dynamischer Systeme ist eine Kombination von analytischen, geometrischen und topologischen Methoden, die zwar nicht zur quantitativen Berechnung von geschlossenen Lösungen führt, aber qualitative Aussagen über die Gesamtheit von Lösungen einzelner und ganzer Klassen von Differentialgleichungssystemen zuläßt. Dabei kann der Computer als Simulations- und Datenverarbeitungsgerät große Dienste leisten, ja er ermöglichte überhaupt erst den Umgang mit konkreten nichtintegrablen Systemen.

Statt einzelne geschlossene Lösungen stehen jetzt andere Fragestellungen im Vordergrund. Die Struktur des Phasenraumes wird zentral, die Frage nach dem Stabilitätsverhalten der Lösungen, ihrem Langzeitverhalten. In

den folgenden Abschnitten werden wir uns solchen Fragestellungen zuwenden.

Das Phasenporträt

Das Konzept des Zustandsraums ist deshalb so wichtig,
weil durch ihn die Möglichkeit gegeben ist, das Verhalten
des Systems geometrisch darzustellen. Ich möchte die Strategie, die dahintersteht, an einem einfachen Standardbei-
spiel, dem harmonischen Oszillator, darstellen. Ein Gewicht sei an einer Feder befestigt. Wird es zu Beginn nach
unten ausgelenkt, so schwingt es nachher beliebig lange
auf und ab.

Der harmonische Oszillator ist eines der problemlos
integrablen Beispiele der Physik. Aus diesem Grund ist
er geradezu ein Archetyp des physikalischen Weltbildes
geworden. Nicht nur wird er in jedem Physikunterricht
behandelt, man findet ihn auch als Lösungsansatz in verschiedensten physikalischen Theorien, sogar in der modernen Quantenmechanik.

Die Differentialgleichung, welche sein Verhalten bestimmt, lautet:

$$\ddot{x} + \omega_0^2 x = 0 \ (\omega_0 \text{ Frequenz der Oszillation})$$

Die Lösung aufgrund der Integration ist dann:

$$x = \frac{\dot{x}_0}{\omega_0} \cdot \sin \omega_0 t + x_0 \cdot \cos \omega_0 t \ (x_0 \text{ und } \dot{x}_0 \text{ Ausgangswerte})$$

Trägt man sie im geläufigen Ort-Zeit-Diagramm auf, so
ergibt sich die bekannte Lösungskurve (Abb. 2).

Da der Massenpunkt des harmonischen Oszillators nur
in einer Dimension hin- und herschwingt, braucht man für
die vollständige Beschreibung seines Zustands außer der x-
Koordinate seines Ortes nur noch seine Geschwindigkeit
an diesem Ort, $\dot{x}$. Der Phasenraum ist also zweidimensional

190

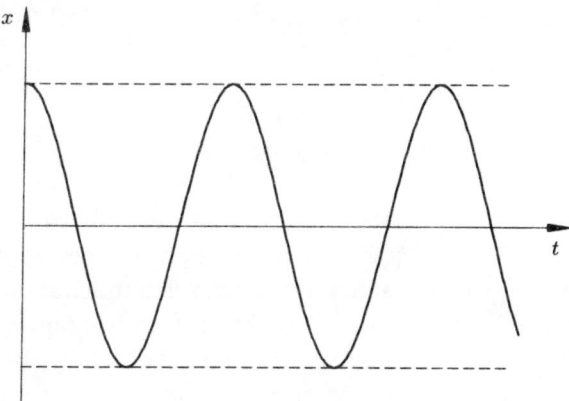

Abb. 2: *Ort-Zeit-Diagramm des harmonischen Oszillators ohne Reibung.*
Aus: J. Argyris et al., Die Erforschung des Chaos, *S. 25.*

und wird durch die beiden Koordinaten x und ẋ aufge-
spannt. Aus der Ortsgleichung läßt sich auch leicht die
Gleichung für die Geschwindigkeit angeben:

$$\dot{x} = \dot{x}_0 \cdot \cos \omega_0 t - x_0 \omega_0 \cdot \sin \omega_0 t$$

Wenn man aus diesen beiden Gleichungen die Zeit eliminiert, erhält man:

$$x^2 + \frac{\dot{x}^2}{\omega_0^2} = x_0^2 + \frac{\dot{x}_0^2}{\omega_0^2}$$

Die Bewegung des harmonischen Oszillators wird im Phasenraum durch diese Gleichung bestimmt. Es handelt sich
um die Gleichung einer in sich geschlossenen Ellipse. Je
nach den willkürlich gewählten Anfangsbedingungen ist
sie unterschiedlich groß. Diese Ellipsenschar nennt man
das Phasenporträt des harmonischen Oszillators (Abb. 3).
    Bis zu diesem Zeitpunkt scheint der Unterschied zwi-
schen Ort-Zeit-Diagramm und Phasenporträt nicht besonders groß zu sein. Ist ihr Gebrauch einfach Geschmacks-
sache? Betrachten wir nun einen harmonischen Oszillator

191

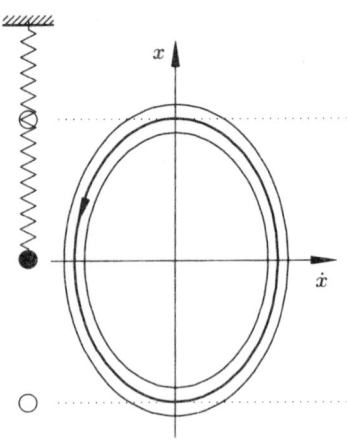

Abb. 3: Das Phasenporträt des harmonischen Oszillators ohne Reibung.
Aus: J. Argyris et al., Die Erforschung des Chaos, S. 25.

in einer viskosen Flüssigkeit. Seine Bewegung wird dann gedämpft. Auch der gedämpfte harmonische Oszillator ist ein integrables Problem. Ohne die entsprechende Lösung explizit anzugeben (sie errechnet sich analog zum Beispiel des ungedämpften harmonischen Oszillators), sei das Ort-Zeit-Diagramm angeführt (Abb. 4).

Die Schwingung verkleinert sich allmählich, bis der Oszillator im Nullpunkt stehenbleibt. Im folgenden Phasenporträt sind wieder verschiedene Lösungen zu verschiedenen Anfangsbedingungen eingezeichnet (Abb. 5).

In diesem Diagramm sieht man zum ersten Mal die Stärke des Phasenporträts. Auf geometrisch anschauliche Weise erkennt man die Verwandtschaft der verschiedenen Lösungen. Alle Trajektorien winden sich nämlich in einen gemeinsamen Punkt hinein, was ganz offensichtlich bedeutet, daß das System unabhängig von seinem Ausgangszustand immer im selben Endzustand landet. Natürlich würde man dies im einfachen Beispiel des gedämpften harmonischen Oszillators auch aus dem Ort-Zeit-Diagramm vermuten. Aber selbst in diesem Fall bliebe es bei

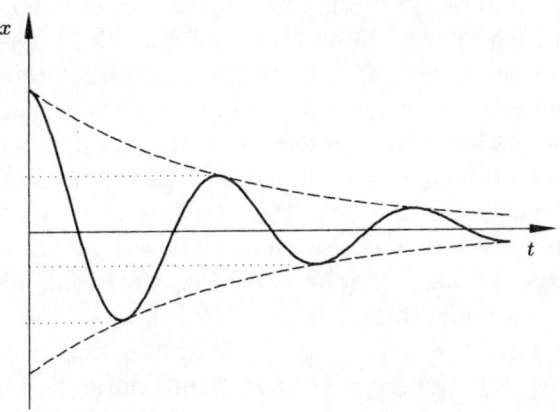

Abb. 4: Ort-Zeit-Diagramm eines harmonischen Oszillators mit viskoser Reibung. Aus: J. Argyris et al., Die Erforschung des Chaos, S. 26.

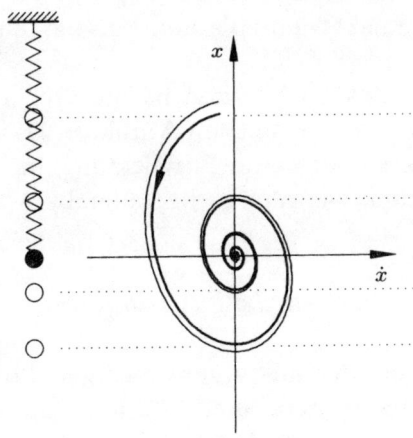

Abb. 5: Phasenporträt eines harmonischen Oszillators mit viskoser Reibung. Aus: J. Argyris et al., Die Erforschung des Chaos, S. 26.

einer Vermutung, weil immer nur ein kleiner Ausschnitt der unendlichen Zeitachse überblickt werden kann. Im Phasendiagramm aber ist die Zeit eliminiert, und wir überblicken das Verhalten des Systems sehr viel besser.

193

Genau an diesem Punkt setzt jetzt die Theorie der dynamischen Systeme ein. Nehmen wir an, daß die Differentialgleichung des gedämpften harmonischen Oszillators nicht integrabel wäre. Dann würde sie uns im Phasendiagramm trotzdem das Vektorfeld liefern, woran sich die (allerdings jetzt nicht einfach mit einer Formel berechenbaren) Lösungskurven anschmiegen. Das Raffinierte ist nun, daß uns differentialtopologische Methoden, auf die wir im folgenden nicht näher eingehen werden, trotz fehlender expliziter Lösungen ermöglichen, jenen Punkt zu finden, auf den alle Lösungskurven des gedämpften harmonischen Oszillators zulaufen. Wir können dann, ohne die konkreten Lösungen des Systems zu kennen, trotzdem plötzlich sehr viel über seine Zukunft aussagen. Unabhängig von den konkret gewählten Anfangsbedingungen endet es nämlich immer in jenem Zustand, der durch die Koordinaten des Anziehungspunktes, des sogenannten Attraktors, auf den alle Trajektorien zulaufen müssen, charakterisiert ist.

Das System des gedämpften harmonischen Oszillators verfügt also über einen solchen Attraktor. Darum könnten auch Aussagen über seine Entwicklung in der Zukunft gemacht werden, wenn es nicht integrabel wäre.

Verschiedene Attraktoren

Einen Attraktor, der aus einem einzigen Punkt besteht, nennt man entsprechend einen Punktattraktor. Natürlich verfügen längst nicht alle dynamischen Systeme über einen Punktattraktor. Aber es gibt auch noch andere Formen von Attraktoren, die wir in diesem Abschnitt betrachten wollen. Die Idee, die dahinter steht, ist immer dieselbe. Läßt sich mit Hilfe topologischer Methoden für ein bestimmtes System ein Attraktor finden, so kann man versuchen, mit seiner Hilfe auch ohne Integrabilität Aussagen über seine Zukunft zu gewinnen.

Nehmen wir als weiteres Beispiel ein Pendel, wie man es etwa in einer alten Standuhr findet. Ein idealisiertes Pendel ohne Reibung, ein sogenannt mathematisches Pendel, gleicht formal exakt dem harmonischen Oszillator. Als Koordinaten des Phasenraumes können zum Beispiel der Winkel der Auslenkung und die Winkelgeschwindigkeit benützt werden. Das Phasenporträt des Pendels entspricht dann genau jenem des harmonischen Oszillators. Genauso entspricht ein Pendel mit Reibung dem gedämpften harmonischen Oszillator. Seine Trajektorien im Phasenraum werden vom Punktattraktor angezogen, der die Gleichgewichtslage in der Mitte charakterisiert.

Das Pendel einer alten Standuhr nun ist zwar ein gedämpftes Pendel, aber die Reibung wird durch das Gewicht ausgeglichen, welches im Innern der Uhr hängt und das Pendel über einen Zahnradmechanismus periodisch anregt. Ein solches Pendel wird, unabhängig davon, mit welchen Anfangsbedingungen es gestartet wird, am Ende immer dieselbe Schwingung ausführen. Ob man es am Anfang weit auslenkt oder wenig, mit viel Schwung oder ohne Schwung, immer wird am Ende dieselbe regelmäßige Schwingung mit derselben Amplitude resultieren.

Im Phasenraum drückt sich dies so aus, daß jede Trajektorie von beliebigen Anfangsbedingungen aus zwar nicht in einem einzigen Punkt endet, aber immer in derselben Ellipse, welche der Endschwingung des Uhrpendels entspricht. Das Phasenporträt des Uhrpendels gleicht also jenem des ungedämpften harmonischen Oszillators, allerdings mit einer gewichtigen Differenz. Während beim ungedämpften harmonischen Oszillator jede Anfangsbedingung zu einer andern Ellipse führt, endet das System des Uhrpendels immer in derselben Ellipse. Der ungedämpfte harmonische Oszillator hat daher keinen Attraktor, das Uhrpendel aber sehr wohl. Es ist genau diese Ellipse, und sie wird als Grenzzyklus bezeichnet. Ein Grenzzyklus ist also eine andere Form eines Attraktors (Abb. 6).

Auch für den Grenzzyklus gilt, daß er eine Aussage über

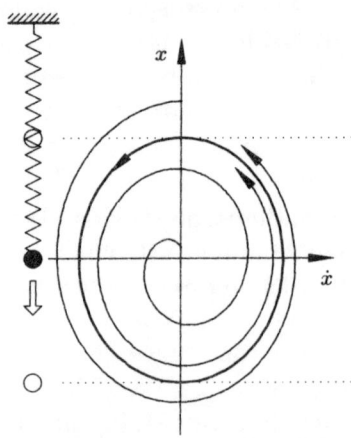

Abb. 6: *Phasenporträt eines Pendels mit Reibung, periodisch erregt: Grenz-zyklus. Aus: J. Argyris et al.*, Die Erforschung des Chaos, S. 27.

die Zukunft des Systems ermöglicht. Wo immer das System gestartet wird, es wird immer vom Grenzzyklus angezogen und endet in der von ihm repräsentierten Schwingung. In diesem Sinn ist seine Zukunft also auch ohne geschlossene Lösung exakt voraussagbar.

Als letztes Beispiel wollen wir ein System von zwei Uhrpendeln betrachten, welche nebeneinander hängen, von zwei unabhängigen Gewichten angetrieben werden und unabhängig voneinander schwingen. Anschaulich fällt es uns schwer, diese beiden Körper als ein einziges System zu betrachten. Da sich die Mathematik aber von der Anschauung löst, kann ein solches System formal ohne weiteres behandelt werden. Der Phasenraum ist entsprechend vierdimensional, zwei Dimensionen entsprechen den zwei Auslenkungswinkeln der beiden Pendel und zwei weitere den Winkelgeschwindigkeiten.

Da sich im übrigen nichts geändert hat, läßt sich annehmen, daß auch dieses System über einen Attraktor verfügt, daß er aber zweidimensional sein muß. Tatsächlich zeigt die topologische Analyse, daß der Attraktor, der einen zweidimensionalen Unterraum des vierdimensionalen Phasenraums darstellt (eine sogenannte Mannigfaltigkeit), einem sogenannten Torus entspricht. Ein zweidimensionaler Torus sieht wie eine Art Schwimmgürtel aus, und die Trajektorie des Systems verläuft auf der Oberfläche dieses Schwimmgürtels. Daß der Torus ein Attraktor des Systems ist, bedeutet nichts anderes, als daß jede Trajektorie, gleichgültig, von welchen Anfangswerten aus sie startet, letztlich immer auf der Oberfläche des Torus landet (Abb. 7).

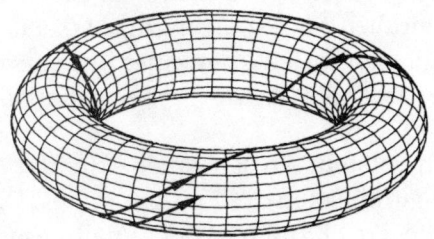

Abb. 7: Zweidimensionaler Torus mit einer Trajektorie, die sich auf seiner Oberfläche windet. Aus: J. Argyris et al., Die Erforschung des Chaos, *S. 100.*

Der Torus ist eine weitere Form eines Attraktors. Er kann grundsätzlich jede Dimension annehmen, obwohl man sich visuell nur einen zweidimensionalen Torus im dreidimensionalen Raum vorstellen kann, und man kann auf diese Weise viel komplexere Systeme darstellen als die zwei Uhrpendel.

Seltsame Attraktoren

Lange waren Fixpunkte, Grenzzyklen und Tori die einzigen bekannten Attraktoren. Die Hoffnung, für sehr viele dynamische Systeme solche Attraktoren zu finden, war gewissermaßen eine modifizierte Neuauflage der alten und durch Poincaré endgültig zerstörten Hoffnung auf die allgemeine Integrabilität dynamischer Systeme. Denn auch eine Bewegung mit einem torusförmigen Attraktor ist vorhersagbar. Zwar gibt es im Gegensatz zum Fall des Grenzzyklus auf einem Torus verschiedenste Möglichkeiten, sich auf diesem Torus zu bewegen. Aber trotzdem enden alle Trajektorien, wo immer sie starten, immer auf diesem Attraktor, und solche, die nahe nebeneinander starten, werden sich am Ende nahe nebeneinander um den Torus winden.

Diese Illusion wurde durch das Konzept des sogenannten seltsamen Attraktors von Ruelle und Takens 1971 ebenfalls zerstört. Ein seltsamer Attraktor ist ein, wie der Name schon sagt, wirklich höchst eigenartiges Gebilde, welches zwar alle möglichen Trajektorien eines Systems mit der Zeit einfängt, aber trotzdem keine Vorhersagbarkeit mehr garantiert.

Topologisch entsteht ein seltsamer Attraktor durch ständiges Strecken und Falten des Phasenraumes. Das Strecken läßt verwandte Trajektorien exponentiell auseinanderlaufen. Das Falten bringt sie wieder zurück in einen begrenzten Bereich. Durch diesen Prozeß werden die Trajektorien auf einem seltsamen Attraktor gemischt und rasch ganz und gar unvorhersagbar, obwohl sie auf dem Attraktor selber verbleiben.

In diesem Zusammenhang wird oft das Beispiel eines Teigs mit einem Tropfen Lebensmittelfarbe darin verwendet. Der Bäcker knetet den Teig, indem er ihn auseinanderzieht und faltet. Bald hat sich die Lebensmittelfarbe in Form von feinsten Linien auf komplizierteste Weise über den ganzen Teig ausgebreitet. Die Farbmoleküle, die ursprünglich nebeneinander lagen, haben nun überhaupt keinen Zusammenhang mehr.

Nun wollen wir dieses anschauliche Bild in die Physik zurückübersetzen. Der Teig entspricht dem Phasenraum. Der Ausgangszustand des Systems entspricht einem einzelnen Punkt im Teig. In Wirklichkeit kann aber ein Zustand experimentell nie so genau bestimmt werden, daß er genau einem dimensionslosen Punkt entspricht. Die Quantenmechanik legt durch die Unschärferelation eine prinzipielle Grenze fest. In der realen Experimentiersituation wird also in Wirklichkeit nicht auf «einen Punkt im Teig» eingegrenzt werden können, sondern auf einen «Fleck im Teig». Die Ausdehnung des Flecks entspricht dem Rauschen der Messung. Durch den Streck- und Faltungsprozeß wird der Fleck über den ganzen Attraktor verteilt. Die Ungenauigkeit der ursprünglichen Messung erstreckt sich rasch über den gesamten Attraktor. Eine Vorhersagbarkeit ist nicht mehr möglich. Dabei kommt es nicht etwa auf die Größe des Flecks an. Der Dehnungs- und Faltungsprozeß ist sehr viel mächtiger als die Ausdehnung des Flecks.

Bei dieser Beschreibung wird klar, daß ein seltsamer Attraktor chaotisches Verhalten repräsentiert. Durch einen einfachen iterativen Vorgang – das Strecken und Falten – werden kleinste Ungenauigkeiten aufgebläht, und die Vorhersagbarkeit geht vollständig verloren.

Der Lorenz-Attraktor

Bis zu diesem Punkt scheint die Diskussion seltsamer Attraktoren eher akademisch. In Wirklichkeit war es Edward Lorenz, der 1963 mit seinem Wettermodell den ersten seltsamen Attraktor entdeckte. Er wird heute als Lorenz-Attraktor bezeichnet. Lorenz betrachtete ein vereinfachendes Modell der Atmosphäre, indem er diese im wesentlichen als eine von unten erhitzte Flüssigkeit interpretierte. In einem weiteren Vereinfachungsschritt reduzierte er den Phasenraum dieses Atmosphärenmodells auf drei Dimensionen, eine Geschwindigkeitsgröße und zwei Temperaturgrößen. Die Dynamik des Systems beschrieb er durch drei nichtlineare Differentialgleichungen.

Unter dem Eindruck seiner Computerberechnungen prägte Lorenz das Bild vom Schmetterling, der in Hongkong mit den Flügeln schlägt und damit in New York ein Gewitter auslöst.

Mit dem Konzept der seltsamen Attraktoren läßt sich nun

sehr elegant darstellen, was er damit meinte. Mit dem Flügelschlag des Schmetterlings wechselt das Wettersystem nämlich sozusagen die Trajektorie. Der Ausgangszustand wird um einen winzigen Bruchteil verändert. Anfänglich werden die beiden Trajektorien noch sehr nahe beieinander verlaufen, so daß der Effekt des Schmetterlings unbedeutend erscheint. Dann aber wird die Abweichung explosionsartig anwachsen, und die beiden ursprünglich praktisch identischen Trajektorien werden in Kürze überhaupt nichts mehr miteinander zu tun haben. Besinnt man sich nun auf die Bedeutung des Phasenraums zurück, nämlich daß jeder Punkt der Trajektorie einen Zustand des Wettersystems repräsentiert, dessen Koordinaten Meßgrößen wie Temperatur oder Windgeschwindigkeit sind, so bedeuten die unterschiedlichen Trajektorien tatsächlich komplett verschiedene Wetterverläufe, die aus dem winzigen Keim des Flügelschlags des Schmetterlings entstanden sind.

An dieser Stelle wird besonders deutlich, daß chaotische Systeme nicht etwa einfach nur Meßfehler aufblähen. Die beiden Trajektorien haben tatsächlich nicht die geringste Ähnlichkeit mehr miteinander. Ein chaotisches System ist mehr als einfach nur ein Rauschverstärker. Der topologische Hintergrund ist die begrenzte Ausdehnung des Attraktors. Wegen seiner endlichen Größe können zwei Trajektorien nicht für immer exponentiell auseinanderlaufen, sondern müssen wieder zurückgefaltet werden. Obwohl also die Trajektorien divergieren, müssen sie irgendwann wieder nahe aneinander vorbeilaufen. In diesem Sinn ist die Schneeballreaktion, die exponentielle Divergenz zweier Kurven, eigentlich nicht ganz der Prototyp des chaotischen Mechanismus. Dort ist nur die Dehnung berücksichtigt, die Faltung fehlt, was man auch daran sehen kann, daß ein solches System eigentlich auf einer linearen Gleichung beruht und integrabel ist. In Kapitel 3 wurde bereits mit einer entsprechenden Fußnote darauf hingewiesen.

Die folgende Grafik (Abb. 8) ist dem im Literaturverzeichnis aufgeführten Heft *Spektrum der Wissenschaft, Chaos und Fraktale*, entnommen. Sie zeigt ein Bild des Lorenz-Attraktors und die Entwicklung von 10 000 leicht unterschiedlichen Anfangszuständen des Wettersystems. Man erhält einen anschaulichen Eindruck davon, wie das Strecken und Falten der Trajektorien vor sich geht und wie daraus eine Verteilung der Zustände entsteht, die innerhalb kürzester Zeit keine Rückschlüsse auf die ursprüngliche Ausgangssituation mehr zuläßt.

Es sei aber noch einmal betont, daß es sich hier um Computerberechnungen handelt. Der Computer rechnet von vornherein mit einer begrenzten Anzahl von Dezimalstellen und außerdem in diskreten Zeitabständen und mit vereinfachenden Algorithmen. Eine solche Computergrafik darf daher gerade bei der Untersuchung von chaotischen Systemen niemals als beweisend angesehen werden. Sie ist eine Illustration, nicht mehr, aber auch nicht weniger. Maßgebend bleibt die differentialtopologische Analyse des Lorenz-Attraktors. Nur diese offenbart schlüssig seine Attraktoreigenschaften, die außerordentliche Sensibilität auf Anfangsbedingungen und das chaotische Verhalten der Bahnkurven.

Selbstorganisierende Systeme[105]

Wir wenden uns nun dem anderen Thema dieses Buches zu. Man stelle sich eine homogene Flüssigkeit zwischen zwei Grenzplatten vor. Das ganze System soll auf eine bestimmte Temperatur erwärmt werden. Die Flüssigkeit nimmt dann den Gleichgewichtszustand ein, der dadurch charakterisiert ist, daß sich alle Flüssigkeitsteilchen absolut zufällig durcheinander bewegen.

Nun sollen aber die Grenzplatten neu konstant auf unterschiedliche Temperaturen eingestellt sein. Zum Beispiel soll die untere Grenzplatte die Temperatur T_1 haben, die höher sein soll als die Temperatur T_2 der oberen Grenzplatte. Man sagt, dem System werde eine bestimmte Rand-

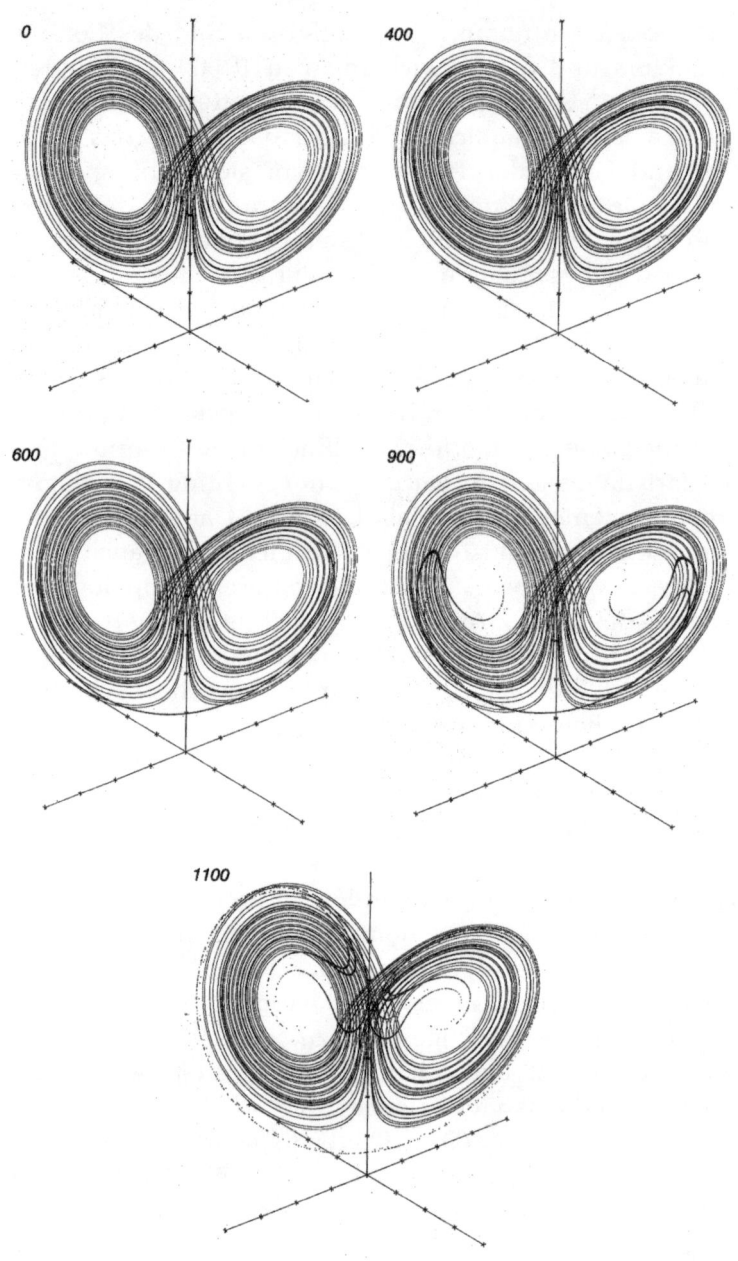

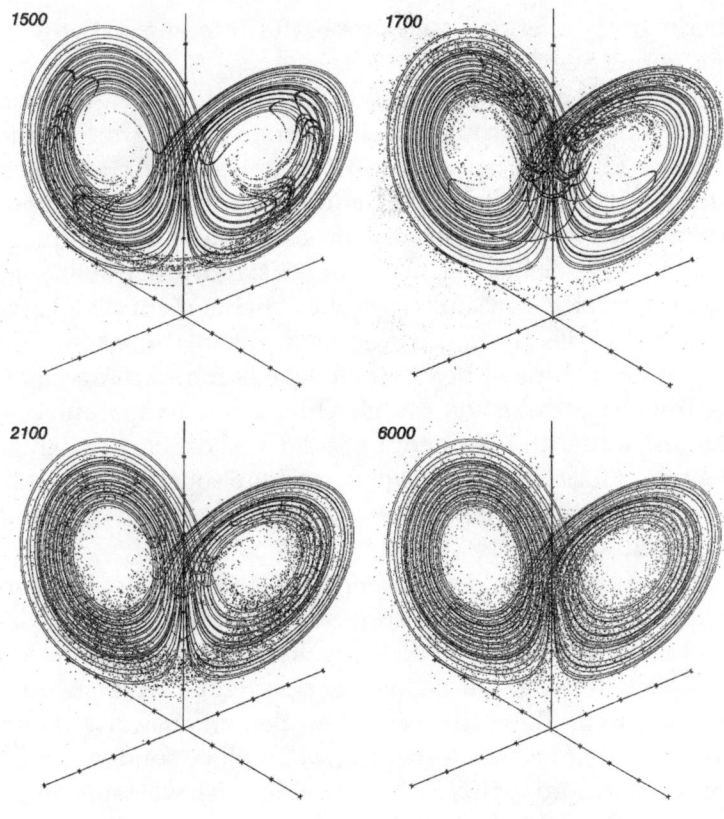

Abb. 8: Die Divergenz benachbarter Trajektorien ist einer der Gründe, warum Chaos Unvorhersagbarkeit beinhaltet. Eine perfekte Messung ergäbe im Zustandsraum genau einen Punkt, aber jede Messung ist mit Fehlern behaftet, die eine Wolke von Ungenauigkeit erzeugen. Der wahre Zustand kann irgendwo innerhalb der Wolke sein. In diesem Beispiel wird am Lorenz-Attraktor die Unsicherheit durch eine Wolke von 10 000 [. . .] Punkten dargestellt; sie liegen so nahe beieinander, daß man sie nicht unterscheiden kann. Wenn sich jeder Punkt nun entsprechend den Bewegungsgleichungen bewegt, wird die Wolke zunächst in ein langes dünnes Band gestreckt; es wird dann zudem mehrmals gefaltet, bis es schließlich den ganzen Attraktor überdeckt. Es ist jetzt unmöglich, Vorhersagen zu machen: Der Endzustand könnte irgendwo auf dem Attraktor sein. Bei einem vorhersagbaren Attraktor bleiben alle Endzustände nahe beieinander. Die Zeit ist in Einheiten von zweihundertstel Sekunden angegeben. Aus: Spektrum der Wissenschaft, Chaos und Fraktale, S. 15

203

bedingung auferlegt. Die Temperaturdifferenz soll vorläufig gering sein.

Natürlich nimmt die unterste Schicht der Flüssigkeit von der Platte Wärme auf, und die oberste gibt Wärme an die andere Platte ab, so daß beide Platten die Temperaturen der jeweiligen Grenzschicht annehmen. Dazwischen pendeln sich die Temperaturen ein, es entsteht ein Temperaturgradient. Sobald sich dieser Zustand eingestellt hat, verändert sich von außen gesehen nichts mehr: Die Parameter, die das System beschreiben, bleiben konstant. Es entsteht auch nicht etwa ein Teilchenstrom, solange man sich nicht zu sehr von der gleichmäßigen Temperaturverteilung entfernt. Dies hängt mit der Viskosität, der Zähigkeit der Flüssigkeit zusammen, die eine sonst entstehende Strömung unterdrückt. Man bezeichnet diesen Zustand als stationär.

Erhöht man nun die Temperaturdifferenz zwischen den Platten mehr und mehr, so geschieht zunächst nicht viel mehr. Ab einem kritischen Schwellenwert aber ändert sich das Verhalten der Flüssigkeit schlagartig: Es setzt eine makroskopische Bewegung ein. Das Bemerkenswerte daran ist, daß die Bewegung nicht etwa zufällig, sondern sogar sehr wohlgeordnet ist. Zunächst bilden sich walzenförmige lange Zellen, die der Gestalt des Gefäßes folgen. Im Verlauf einiger Stunden weichen die Walzen einem Muster und überwiegend sechseckigen Zellen, die schließlich die gesamte Schicht erfüllen. Ersetzt man schließlich die obere Grenzplatte durch Luft konstanter Wärme, so entstehen perfekte Sechsecke, die wie Zellen einer Honigwabe angeordnet sind, die sogenannten Bénard-Zellen (Abb. 9).

Die Erscheinung, welche diesem Verhalten zugrunde liegt, ist die sogenannte Konvektion. Sie ist jedermann vertraut, der schon einmal eine kochende Suppe beobachtet hat oder heiße Luft über dem Feuer aufsteigen fühlte. Die Prinzipien, welche diesem Phänomen zugrunde liegen, waren schon im 19. Jahrhundert bekannt. Sie sollen hier kurz besprochen werden, weil sie wiederum grundsätzliche Mechanismen illustrieren, die für das Verständnis des folgenden wesentlich sind.

Da die untere Grenzplatte eine erhöhte Temperatur aufweist, dehnt sich die untere Schicht der Flüssigkeit aus, so daß sich ihre Dichte verringert. Infolgedessen möchte sie nach oben steigen, während die oberen, kälteren Schichten eher absinken möchten. Die Viskosität der Flüssigkeit wirkt dieser Tendenz entgegen. Betrachten wir konkret eine kleine Flüssigkeitszelle in der Schicht, die sich in der Nähe der heißen unteren Grenzplatte befindet. Sie dehnt sich aus, und ihre Dichte wird geringer. Solange sie in ihrer Position verbleibt, ist sie aber ringsherum von Flüssigkeit derselben Temperatur und Dichte umgeben; sie bewegt sich also nicht. Wird die Zelle aber zufällig durch eine geringe Fluktuation auch nur ein winziges Stückchen aus ihrer Position ausgelenkt, so spürt sie sofort einen Auftrieb. Dieser will sie nach oben drängen. Unterhalb einer kritischen Temperatur gewinnt die Viskosität, die Zelle sinkt wieder zurück in ihre Position. Die Störung wird gedämpft. Oberhalb der kritischen Temperaturdifferenz reißt sich die Zelle aber los und steigt auf. Natürlich schiebt sie damit andere Zellen aus ihrer stationären Position, die Störung verstärkt sich mehr und mehr, und es bilden sich die Bénard-Zellen.

Wie spektakulär dieser Vorgang eigentlich ist, wird erst klar, wenn man sich bewußt wird, wie wohlgeordnet die entstehende Bewegung ist. Für die Bildung der sechseckigen Zellen müssen ungefähr 10^{21} Teilchen in koordinierte Bewegung versetzt werden, und dies wohlgemerkt trotz der zufälligen thermischen Bewegung jedes einzelnen. Die minimale Schwankung, die zufällige Auslenkung einer kleinen Flüssigkeitskugel wird verstärkt, erfaßt allmählich das ganze System und treibt es – erstaunlicherweise – nicht ins Durcheinander, sondern in eine Situation höchster Ordnung und Korrelation.

Bedingungen für Chaos und Selbstorganisation

Einen Vorgang wie die Bildung der Bénard-Zellen nennt man Selbstorganisation. Es gibt mittlerweile sehr viele gut untersuchte Beispiele von Selbstorganisation. Ihnen allen gemeinsam ist der sprunghafte Anstieg von Ordnung und Korrelation unter sehr zahlreichen Bausteinen, und dies, ohne daß sie von außen angeordnet oder einem Zwang unterworfen würden. Sie organisieren sich im eigentlichen Sinn des Wortes selber und fast wie von Geisterhand. Tatsächlich scheint es, daß Selbstorganisation das grundlegende Prinzip der Strukturbildung vor allem in der belebten Natur ist.

In jedem Fall von Selbstorganisation zeigt sich wieder dasselbe Muster. Eine winzige Fluktuation wird verstärkt, erfaßt das ganze System und bringt es in einen qualitativ völlig neuen, hochgeordneten Zustand. Die Parallele zur Theorie der chaotischen Systeme ist auffallend. Auch dort wird eine beliebig kleine Fluktuation, also eine zufällige Veränderung, verstärkt und dominiert schließlich das gesamte System. Die Frage ist daher naheliegend, ob gewisse Systeme vielleicht beide Verhaltensweisen zeigen können: chaotisches Verhalten und Selbstorganisation.

Um sich ihrer Beantwortung etwas zu nähern, scheint es sinnvoll, zunächst die Bedingungen für solches Verhalten auszuloten.

Dabei stellt es sich heraus, daß die Anforderungen an ein System, welches chaotisches Verhalten zeigen soll, relativ anspruchslos sind. Es gibt sogar Zahlenfolgen, die mit einfachen Iterationsbedingungen chaotisches Verhalten zeigen. Die einzige Bedingung ist, daß die Iteration die Zahlenreihe sowohl dehnt als auch faltet. Bei komplexeren dynamischen Systemen führt dies zur Bedingung, daß die Differentialgleichungen, welche die Dynamik des Systems bestimmen, nichtlinear sind.

Auch Selbstorganisation verlangt iterative Prozesse und damit eine nichtlineare Dynamik. Zusätzlich hat man es aber hier mit dem Aufbau von Ordnung zu tun und gerät damit in den Hoheitsbereich der Thermodynamik. Eine sprunghafte Zunahme von Ordnung ist nur möglich, wenn in der Umgebung des Systems entsprechend viel Unordnung, Entropie, erzeugt wird, damit dem zweiten Hauptsatz der Thermodynamik Genüge getan wird. Dieser besagt nämlich, daß in einem isolierten System die Entropie immer zunimmt. Im Fall der Bénard-Zellen wird dieser Forderung zum Beispiel Genüge getan, indem die Flüssigkeitsrollen sprunghaft mehr Energie von der heißeren Platte zur kälteren transportieren und damit in der Umgebung entsprechend viel Entropie erzeugen. Allgemein sind selbstorganisierende Systeme sogenannt dissipativ, das heißt, sie bauen ihre eigene Ordnung auf Kosten zusätzlicher Unordnung in ihrer Umgebung auf. Sie tun dies, indem sie mit ihrer Umgebung Energie und Materie austauschen, das heißt, sie sind offen. Nur offene, dissipative, nichtlineare Systeme können Selbstorganisation zeigen.

Weil die Bedingungen für selbstorganisierendes Verhalten soviel anspruchsvoller sind als für chaotisches Verhalten, sollte man annehmen, daß selbstorganisierende Systeme auch chaotisches Verhalten zeigen können. Tatsächlich stimmt dies. Zahlreiche Untersuchungen zeigen, daß sich in solchen Systemen chaotisches und selbstorganisierendes Verhalten abwechseln können. Welchen Typ von Verhalten sie zeigen, hängt dann jeweils von bestimmten Parametern ab. Im Falle der Bénard-Zellen zum Beispiel hängt das Verhalten vom Parameter der Temperaturdifferenz zwischen den beiden Platten ab. Erst ab einer bestimmten Größe dieser Differenz beginnt Selbstorganisation. Unmittelbar vorher zeigt das System chaotisches Verhalten. Wenn die Temperaturdifferenz einen bestimmten Betrag überschreitet, löst sich die Selbstorganisation wieder auf zugunsten chaotischen Verhaltens.

Eigenschaften menschlicher Gesellschaften

Menschliche Gesellschaften sind nichtlinearen Gesetzmäßigkeiten unterworfen. Es ist vor allem der bekannte Physiker Hermann Haken, der dies in seiner Theorie der Synergetik zeigte, in der er sich unter anderem auch mit mathematischen Modellen der Meinungsbildung und der Wirtschaftsentwicklung beschäftigte.

Daß menschliche Gesellschaften außerdem gleichgewichtsferne, dissipative Systeme sind, erleben wir leider täglich hautnah an den Umweltproblemen unseres blauen Planeten. Menschliche Gesellschaften bilden phantastische Strukturen der Kultur und der Technik auf Kosten gewaltiger Entropievermehrung in der Umgebung.

Selbstverständlich ist die Mathematik noch weniger dazu fähig, eine vollständige Beschreibung gesellschaftlicher Systeme zu geben, als sie dies beim Wetter vermag. Man kann natürlich immer nur einzelne Parameter wie die öffentliche Meinung oder die Produktion eines Konsumgutes als Variablen berücksichtigen und deren Dynamik nur unvollkommen mathematisch in einem rudimentären Phasenraum modellieren. In jedem Fall stößt man aber auf nichtlineare Differentialgleichungen, die sowohl selbstorganisierendes als auch chaotisches Verhalten beinhalten. Dann aber bestimmt die Verstärkung winziger Fluktuationen die Biographie des Systems, das heißt, sie entscheidet darüber, auf welcher Trajektorie eines chaotischen Attraktors seine Geschichte verläuft und ob es jemals in den Zustand der Selbstorganisation gerät. Diese Erkenntnis liegt dem vorliegenden Buch zugrunde.

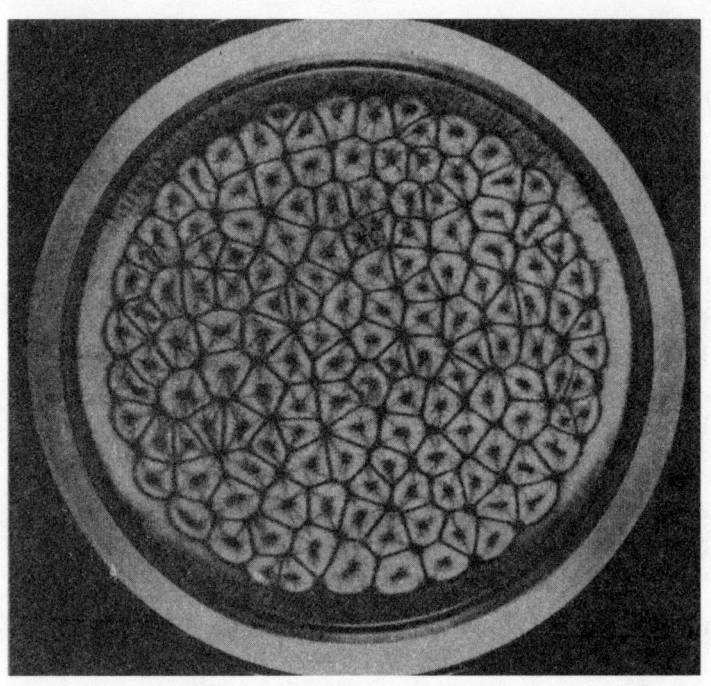

Abb. 9: Konvektion. Eine von unten erhitzte Flüssigkeit bildet honigwabenähnliche Bénard-Zellen. Aus: E. Brun, Ordnungshierarchien, *Physik-Institut der Universität Zürich*

Weiterführende Literatur

John Argyris, Gunter Faust, Maria Haase: *Die Erforschung des Chaos*. Vieweg. Wiesbaden 1994. Als Einführung für Physiker und Ingenieure gedachtes, sehr ausführliches und mit Mathematik durchsetztes Buch. Nur für Fachleute geeignet.

John Briggs, F. David Peat: *Die Entdeckung des Chaos*. Carl Hanser Verlag. München 1990. Unterhaltsames, für Laien geschriebenes Buch, welches den Zusammenhang zwischen Chaos und Selbstorganisation in seinem Aufbau widerspiegelt.

Hermann Haken: *Synergetik*. Springer Verlag. Berlin 1990. Anspruchsvolle mathematische Behandlung selbstorganisierender Systeme. Nur für mathematisch und physikalisch sehr beschlagene Leser geeignet.

David Ruelle: *Zufall und Chaos*. Springer Verlag. Heidelberg 1992. Unterhaltsam geschriebene Darstellung wesentlicher Prinzipien der Chaostheorie und ihrer Querverbindungen zu andern Gebieten der Mathematik und Physik. Der kompetente Forscher ist trotz Plauderton überall spürbar.

Ian Steward: *Spielt Gott Roulette?* Birkhäuser Verlag. Basel 1990. Vergnügliche und journalistisch aufbereitete, etwas chaotische (im klassischen Sinn!) Darstellung der Chaostheorie, geschrieben von einem Fachmann.

Albert Zeyer: *Das Geheimnis der Hundertjährigen*. Kreuz Verlag. Zürich 1995. In diesem Buch beschäftige ich mich mit den medizinischen Konsequenzen aus der Theorie der Selbstorganisation. Querverbindungen zur Präventivmedizin, Psychologie, Verhaltensbiologie und Pädagogik werden dargestellt. Im dritten Kapitel des Buches findet sich eine in sich geschlossene Darstellung der Theorie der Selbstorganisation nichtlinearer Systeme. Das Buch verwendet keine Mathematik.

Chaos und Kreativität, Geo Wissen, Nachdruck Nov. 1993, Hamburg 1993. Reich illustrierter Streifzug durch die Welt der nichtlinearen Systeme. Mit sehr vielen Beispielen, die ich zum Teil in diesem Buch benutzte.

Chaos und Fraktale, Spektrum der Wissenschaften, Heidelberg 1989. Siebzehn ausgewählte Artikel aus *Spektrum der Wissenschaft* über Chaos und verwandte Themen. Vor allem interessant für Leute, die die Zusammenhänge bereits etwas kennen.

Anmerkungen

1 Daß diese Aussage nicht nur ein Lippenbekenntnis war, zeigte A. Einstein u. a. in seinem Büchlein: *Grundzüge der Relativitätstheorie,* Vieweg & Sohn, 5. Auflage. Braunschweig 1979.

2 Am 5. 9. 1995 schockierte Frankreich die Welt mit der Wiederaufnahme von Atomtests im Südpazifik.

3 J. Briggs, F. D. Peat. *Die Entdeckung des Chaos,* Carl Hanser Verlag, München 1990, S. 97.

4 *Chaos und Kreativität,* Geo Wissen, Nachdruck Nov. 1993, Hamburg 1993, S. 54. Diese vielfältige und kompetente Darstellung der Chaostheorie und ihrer Konsequenzen werde ich im folgenden immer wieder zitieren.

5 Offenbar hat Lorenz selber dieses Bild geprägt.

6 *Chaos und Fraktale,* Spektrum der Wissenschaften, Heidelberg 1989, S. 11. Auch aus dieser kompetenten Darstellung entnehme ich verschiedene Beispiele.

7 *Chaos und Kreativität,* Geo Wissen, Nachdruck Nov. 1993, Hamburg 1993, S. 175.

8 Eigentlich ist es nicht die Chaostheorie allein, die die Zukunft unvorhersagbar macht, sondern die Verbindung der Unschärferelation der Quantenmechanik mit den Instabilitäten eines chaotischen Systems, in dem sich «unter Umständen kleinste Korrelationen enorm aufschaukeln». Vgl. H. P. Dürr: «Ist Biologie nur Physik?» Vortrag an der Technischen Universität München-Weihenstephan, 17. 1. 1995.

9 *Luzerner Neuste Nachrichten,* 17. 8. 95, Nr. 188, S. 9.

10 *Tages Anzeiger,* 15. 6. 94.

11 S. Ohninger. «Stille Helden des Alltags.» *Schweizer Familie* 50/95.

12 *Tages Anzeiger,* 3. 10. 95, Roland Beck. Es kreucht und fleucht unter der Autobahnbrücke.

13 K. H. Waggerl. *Heiteres Herbarium*, Otto Müller Verlag, Salzburg 1950.

14 A. Schweitzer. *Die Lehre von der Ehrfurcht des Lebens*, C. H. Becksche Verlagsbuchhandlung, München 1966, S. 36.

15 I. Steward. *Spielt Gott Roulette?* Birkhäuser, Basel 1990.

16 Im Falle des Taschenrechners kann man natürlich die Anfangsbedingungen des Experiments zweimal exakt gleich wählen.

17 Die Tropffolge wird allerdings erst chaotisch, wenn der Durchfluß des Wasserhahns ein gewisses Maß überschritten hat. Vorher ist sie gleichmäßig.

18 Laotse. *Tao te king*, Diederichs Verlag, Köln 1978.

19 d. o., S. 11.

20 *Die Bibel*, Herder, Freiburg im Breisgau 1965, S. 21.

21 *Die Schriften des Heiligen Franziskus von Assisi*, hg. von L. Hardick und E. Grau. Werl i. W. 1991.

22 H. Hesse. *Franz von Assisi*, Rowohlt, Frankfurt a. M. 1988.

23 V. J. Dieterich. *Franz von Assisi*. Rororo Monographien. Reinbek bei Hamburg 1995. Auf diese Monographie stütze ich mich im vorliegenden Abschnitt vorwiegend.

24 I. Steward. *Spielt Gott Roulette?* Birkhäuser, Basel 1990.

25 Daß hier die Differentiale erster Ordnung sind, während jene im vorhergehenden Abschnitt zweiter Ordnung waren, spielt hier nur eine untergeordnete Rolle und ergibt sich aus den gewählten Beispielen. Man kann jedes gewöhnliche Differentialgleichungssystem in ein System erster Ordnung transformieren.

26 I. Steward. *Spielt Gott Roulette?* Birkhäuser, Basel 1990, S. 66.

27 *Chaos und Kreativität*, Geo Wissen, Nachdruck Nov. 1993, Hamburg 1993, S. 56.

28 I. Steward. *Spielt Gott Roulette?* Birkhäuser, Basel 1990, S. 144.

29 d. o., S. 36.

30 D. Ruelle. *Zufall und Chaos*, Springer Verlag, Heidelberg 1992.

31 Das einfachste Prinzip der Iteration, die Kettenreaktion im Sinne einer schrittweisen Verdoppelung, wird eigentlich durch eine lineare Differentialgleichung beschrieben. Aus Gründen der Übersichtlichkeit wird dies im vorliegenden Text ausgeklammert. Es spielt auch keine entscheidende Rolle, da Systeme wie zum Beispiel der Laser, die grundsätzlich auf diesem Iterationsprinzip beruhen, bei Berücksichtigung komplexerer Zusammenhänge trotzdem durch nichtlineare Gleichungen beschrieben werden. Im Anhang wird nochmals darauf hingewiesen.

32 J. Giono. *Der Mann mit den Bäumen*. Übersetzung aus dem Französischen von W. Tappolet. Zürich 1983.

33 Laotse. *Tao te king*. S. 119.

34 B. Ritschard. «Gutes tun und Haue kriegen.» *Sonntags Zeitung*, 24. 9. 95.

35 *Blick*, 8. 12. 94; *Sonntags Zeitung*, 17. 12. 95.

36 R. Pool. *Evas Rippe*, Droemer Knaur, München 1995. Der Text wurde von mir etwas gekürzt und in der Reihenfolge leicht umgestellt. In diesem Abschnitt stütze ich mich verschiedentlich auf Aussagen aus diesem Buch.

37 *British Medical Journal* 309, Dez. 94.

38 *Luzerner Neuste Nachrichten*, 17. 6. 94.

39 G. Bonin. «Eigennutz der Gemeinnützigkeit» *Sonntags Zeitung*, 26. 2. 95.

40 C. Winet. «Frauen könnten, wenn sie nur wollten.» *Sonntags Zeitung*, 22. 10. 95.

41 E. Heim. «Vom kollegialen Umgang in der Ärzteschaft.» *Schweizerische Ärztezeitung* 4/1996.

42 *Facts* 50/1995, S. 100.

43 Ch. Mulack. *Natürlich weiblich*, Kreuz, Stuttgart 1990.

44 R. Lendenmann. «Im Sesseltanz um Lehrstühle scheiden vor allem Frauen aus.» *Sonntags Zeitung*, 23. 4. 95.

45 J. Willi./E. Heim. *Psychosoziale Medizin*, Springer Verlag, Heidelberg 1986.

46 J. Weizenbaum. *Kurs auf den Eisberg*, Pendo, Zürich 1984.

47 A. Dieterich. «Die Bauern pflügen das ganze Land um.» *Facts* 47/1995, S. 18.

48 H. Bahrmann/Ch. Links. *Chronik der Wende*. Ch. Links Verlag, Berlin 1994. Die Angaben in diesem Abschnitt stammen aus diesem Buch.

49 *Tages Anzeiger*, 22. 2. 96, S. 14.

50 Das Prinzip der Selbstorganisation wird im folgenden noch weiter ausgeführt. Wer eine genaue Darstellung der physikalischen Zusammenhänge sucht, kann diese in meinem Buch *Das Geheimnis der Hundertjährigen*, Kreuz, Zürich 1995, nachlesen.

51 H. Haken. *Synergetik*, Springer Verlag, Berlin 1990.

52 *Spiegel* Special 11/1995. *Die Macht der Mutigen*, S. 134. Auf diese reich dokumentierte Zusammenstellung von Beispielen des Boykotts und des zivilen Ungehorsams stütze ich mich in den folgenden Abschnitten maßgeblich. Nicht genauer bezeichnete Zitate stammen aus diesem Heft.

53 *Luzerner Neuste Nachrichten*, 10. 11. 95.

54 *Spiegel* Special Nr. 11/1995. *Die Macht der Mutigen*, S. 14.

55 d. o., S. 67.

56 d. o., S. 75.

57 d. o., S. 8.

58 H. Haken. *Synergetik*, Springer Verlag, Berlin 1990.

59 *Spiegel* Special 11/1995. *Die Macht der Mutigen*, S. 10.

60 *Facts* 45/1995, S. 116.

61 *Facts* 41/1995.

62 B. Rub. «Alte Tiger, junge Löwen und ein Klavier.» *Sonntags Zeitung*, 3. 12. 95.

63 *Sonntags Zeitung*, 18. 12. 94.

64 *Tages Anzeiger*, 19. 7. 94.

65 *Luzerner Neuste Nachrichten*, 1. 12. 95.

66 *Tages Anzeiger*, 28. 9. 95.

67 O. Fahrni. «Personifizierter Widerspruch.» *Facts* 2/1996, S. 39.

68 J. Weizenbaum. *Kurs auf den Eisberg*, Pendo, Zürich 1984, S. 53.

69 D. Baake. *Die 13- bis 18jährigen*, Beltz Verlag, Weinheim und Basel 1985, S. 220 ff.

70 N. Ramseyer. «Politische Enttäuschung füllt den Papierkorb.» *Sonntags Zeitung*, 15. 10. 95.

71 U. Zöllner. *Die Kinder vom Zürichberg*, Kreuz, Zürich 1994.

72 E. Zeltner. *Mut zur Erziehung*, Zytglogge, Bern 1995.

73 J. Willi. *Ko-Evolution. Die Kunst des gemeinsamen Wachsens.* Rowohlt, Reinbek bei Hamburg 1989.

74 H.-K. Knoepfel. *Einführung in die analytische Psychotherapie.* Patientenbezogene Medizin Heft 7. Gustav Fischer Verlag, Stuttgart 1984.

75 «Rumhängen, Kiffen, Knallen.» *Facts* 3/1996.

76 A. Antonovsky. «Gesundheitsforschung versus Krankheitsforschung.» In A. Franke und M. Broda (Hrsg.), *Psychosomatische Gesundheit*, Tübingen 1993, S. 12.

77 *Facts* 49/1995, S. 136.

78 K. Janke, S. Niehues. *Echt abgedreht*, Becksche Reihe, München 1995.

79 O. von Matt. «Der Herr der Fruchtfliegen.» *Sonntags Zeitung*, 2. 4. 95.

80 Topographie: Die Gesamtheit der Erscheinungen eines Geländes *(Brockhaus Enzyklopädie)*.

81 W. Bürgin. «Streß kann gesund sein.» *Luzerner Neuste Nachrichten*, 10. 10. 95.

82 Th. Roszak. *Ökopsychologie*, Kreuz, Stuttgart 1994, S. 72.

83 A. Zeyer. *Das Geheimnis der Hundertjährigen*, Kreuz, Zürich 1995. Im dritten Kapitel dieses Buches findet sich auch eine ausführliche Darstellung der Prinzipien der Selbstorganisation und der Thermodynamik nichtlinearer Systeme.

84 *Luzerner Neuste Nachrichten*, 14. 1. 95. Die Zeit des weißen Urwalddoktors ist um.

85 A. Schweitzer. *Die Lehre von der Ehrfurcht des Lebens*, Becksche Verlagsbuchhandlung, München 1966.

86 A. Schweitzer. *Kultur und Ethik*, Becksche Verlagsbuchhandlung, München 1960, S. 333.

87 C. Glynn. «Die Legende Albert Schweitzer.» TV-Film 1995 (Redaktion O. C. Honegger).

88 A. Schweitzer. *Kultur und Ethik*, Becksche Verlagsbuchhandlung, München 1960, S. 329.

89   griechisch: Zusammenleben. In der Biologie das dauernde Zusammenleben von verschiedenartigen Organismen zu gegenseitigem Nutzen *(Brockhaus Enzyklopädie)*. Nicht mit Symbiose in der Psychologie zu verwechseln.

90   L. Margulis, zitiert in Th. Roszak, *Ökopsychologie*, Kreuz, Stuttgart 1994, S. 210. Der Abschnitt orientiert sich an diesem Buch.

91   d. o., S. 210.

92   J. Lovelock. *Das Gaia-Prinzip*, Insel Verlag, Frankfurt a. M. 1993.

93   Gaia – griechisch: Erde.

94   A. Schweitzer. *Kultur und Ethik*, Becksche Verlagsbuchhandlung, München 1960, S. 335.

95   A. Schweitzer. *Die Lehre von der Ehrfurcht des Lebens*, Becksche Verlagsbuchhandlung, München 1966, S. 27.

96   H. Bucher, F. Gutzwiller et al. *Checkliste Gesundheitsberatung und Prävention*, Georg Thieme Verlag, Stuttgart 1993.

97   A. Zeyer. *Das Geheimnis der Hundertjährigen*, Kreuz, Zürich 1995.

98   «Rede des Häuptlings Seattle.» In: *Ferment* 8/9, 1979.

99   E. Drewermann. *Der tödliche Fortschritt*, Herder, Freiburg im Breisgau 1991. Nicht gekennzeichnete Zitate in diesem Abschnitt stammen alle aus diesem Buch.

100 *Facts* 9/1996.

101 *Chaos und Kreativität*, Geo Wissen, Nachdruck Nov. 1993, Hamburg 1993, S. 54.

102 Th. Roszak, *Ökopsychologie*, Kreuz, Stuttgart 1994, S. 173.

103 H. O. Peitgen, H. Jürgen, D. Saupe. *Bausteine der Ordnung*, Springer Verlag, Berlin 1993, S. 32.

104 Die folgende Darstellung folgt vor allem den beiden Büchern J. Argyris, G. Faust, M. Haase: *Die Erforschung des Chaos* und *Chaos und Fraktale*, Spektrum der Wissenschaften und zusätzlich der Arbeit Nicolis Gregoire: «Physics of far-from-equilibrium systems and self-organisation» (in *The new Physics*, hg. Paul Davies, Cambridge University Press, Cambridge 1989).

105 Dieser Abschnitt folgt im wesentlichen dem 3. Kapitel meines Buches, *Das Geheimnis der Hundertjährigen.*

Register

Aggression 13, 32, 69, 71 f., 76, 105
Alkohol 139, 175
Amnesty International 113
Anthropisches Prinzip 184 f.
Antonovsky, Aaron 140, 175 ff.
Aristoteles 156, 161
Ärzte für Umweltschutz 114
Ärzte ohne Grenzen 113, 117, 119
Atomtest 13, 30, 106, 109, 135, 138
Autokatalyse 55 f.
Autolyse 159

Baake, Dieter 134, 137, 140 f.
Barrier-Riff 155 f., 165
Bénard-Instabilität 98
Bénard-Zellen 99 ff., 160, 204 ff.
Bergson, Henri 156 f.
Beziehungsreduktion 141
Bibel 40, 179
Böll, Heinrich 122 f.
Boykott 105 f., 108
Bürgerkrieg 83, 88 f.

Chaos 9, 17, 19, 34, 51 f., 94, 96, 99, 115 f., 119, 148, 157, 164 f., 169, 184 ff., 200, 203, 206
Chaos, deterministisches 17, 19 f., 34, 36 f., 95, 99 f.
Chaostheorie 20 ff., 38, 95, 147, 158, 186
Chaotisches System 13, 16 ff., 23 f., 33 ff., 50 ff., 55 f., 95, 100, 115 f., 161, 182, 200 f., 206
Christentum 179, 181
Computer 14 ff., 47, 51 f., 81 f., 157, 161, 189, 199, 201
Cyklisches Adenosinmonophosphat (c-AMP) 55 f., 158

DDR 90 ff.
Differentiale 45
Differentialgleichungen 188 ff., 194, 199, 206, 208
Drewermann, Eugen 178 f.
Dritter Weg 65, 68, 76
Drogen 139, 181

Ehrfurcht vor dem Leben 154, 162, 165 ff., 169, 171 ff., 177 f., 182
Einstein Albert 9 f., 35, 38, 81, 124, 130
Elan vital 156 f.
Enzensberger, Hans Magnus 123 f., 126 f.
Eros 156, 161 f.
Erster Weltkrieg 61, 148
Evolution 116, 156, 168

Food First 114
Fraktale Geometrie 161 f.
Franz von Assisi 41 ff., 108, 171
Frauen 26 f., 70 ff., 83, 85, 88 f., 112 f., 117 f., 127, 131, 183
Freier Wille 21 f., 95
Freud, Sigmund 78, 122, 131
Frustrationstoleranz 78

Gaia 166, 168 f., 185
Gaiahypothese 167 ff.
Gandhi, Mahatma 107, 114
Genmanipulation 151
Geschlossene Lösung 46 ff., 50 f., 188 f., 196
Gesellschaft, menschliche 9, 20 ff., 23, 40, 64, 67 f., 81, 86, 88, 90, 101, 103 ff., 110 ff., 117, 119, 128, 131, 133 ff., 137 ff., 148, 153, 157, 163 f., 182, 208

Gesellschaft für bedrohte Völker 114

Gesundheitsförderung 172, 174

Giono, Jean 60 ff.

Gleichungssystem 45, 49, 56, 188

Gospel 142 ff., 154

Grass, Günter 126

Graswurzelbewegung (Basisbewegung) 111, 121, 123

Green Belt Movement (GBM) 117 f.

Greenpeace 108 ff.

Große Männer 121 ff., 128 ff., 141, 151, 165, 169, 173, 182

Haken, Hermann 19, 208

Hesse, Hermann 41, 44

Hierarchie 42, 63 ff., 73 ff., 91, 108, 111 f., 124, 128, 131 f., 147, 172 f., 181

Hippie-Bewegung 89, 108

Hyäne 69

Ich-Schwäche 78, 137 f.

Ich-Stärke 77 f., 137, 177

Innere Ordnung 98, 158 ff., 204 ff.

Iteration 52, 55 ff., 60, 63, 99, 102 f., 106 f., 112, 115, 117, 119, 150, 158, 199, 206

Jugendliche 134, 137, 139 ff., 149

Katastrophentheorie 147

King, Martin Luther 107

Kirche 65, 107, 151, 181

Kohärenzgefühl 140, 176

Konvektion 98, 204

Krankheit 159, 178

Krebsmaus 149

Krieg 31, 68, 77, 83, 85, 109, 113, 135, 149, 165 f., 183

Krümmung des Raumes 154

Laotse 39, 63

Laplace, Pierre 20 f., 95

Laplacescher Dämon 21, 34, 48

Laser 19, 97 ff., 158, 160

Lebenskraft 155 ff., 161 f., 165, 167, 169, 171, 177 f., 184

Lebens- und Todestrieb 131

Linearität 45 ff., 51, 56 f., 59, 63 f., 121, 161, 180 f., 200

Lobbying 119

Lorenz, Edward 14 ff., 33 f., 51, 81, 199, 201, 203

Lovelock, James 168 f.

Lustprinzip 78

Maathai, Wangari 117 f.

Macht 25, 30, 44, 53, 64, 66, 74, 76, 92, 96, 104, 106 ff., 110 f., 119, 121, 124, 128, 132 f., 141 f., 147 f., 150, 159, 168, 183

Mädchen 26 f., 70, 72, 77, 114

Männer 27, 31, 69 ff., 76, 84, 113 f., 133, 183

Maschine 121, 180

Medizin 66, 113, 126, 151 f., 165, 175

Menschenmenge 97, 103

Meteorologie 18, 34

Militär 65, 108, 114, 134

Mißbrauch 81, 152, 168

Monolithische Theorien 130

Moralische Autorität 124, 151 f.

Newton, Isaac 47 f., 50

NGO (Non-Governmental Organization) 111 ff., 117 ff., 126, 150, 175

Nichtlinearität 46, 49 ff., 56 f., 59, 63 f., 87, 96, 100, 121, 154, 156 f., 160 f., 165, 167, 169, 171, 177, 180, 184, 199, 206 ff.

Nobelpreis 83, 89, 125 f., 151, 165

Nobelpreis, Alternativer 118

Nüsslein-Volhard, Christiane 126, 151

Offene Prävention 177
Offene Systeme 160
Ontogenese 163

Parallaxe 58 f.
Parks, Rosa 85, 88 f., 93 f., 101, 106 f., 148
Pathogenese 175 ff.
Patriarchat 64, 74 ff., 130, 132, 165, 181
Peace Brigades International (PBI) 113 f.
Planetenbahnen 47 f., 187
Poincaré, Henri 50 f., 189, 197
Politik 66, 76, 104, 111 f., 118 f., 126, 134 f., 151
Psychische Störung 129 f.

Quantenmechanik 21, 49, 95, 151, 190, 198
Quantensprung 97, 102 f.

Rabbiner, chassidischer 84, 88
Radikalisierung 141
Randbedingungen 115 f., 182, 187, 201, 204
Rassentrennung 107
Rastertunnelmikroskop 125, 151
Realitätsprinzip 78
Regression 138 f.
Religion Israels 179
Resignation 10, 14, 24, 68, 75, 77, 87, 121, 139, 147
Rohrer, Heinrich 125 f., 151
Römische Kultur 179
Rückzug 68, 134, 137, 140

Salutogenese 175 ff., 178
Schleifenbildung 55 f., 58, 88, 99 f., 104, 115, 160

Schleimpilz 158, 163
Schmetterlingseffekt 9 f., 14, 17, 22, 25, 28, 32 ff., 39 f., 44, 46 f., 56 ff., 64, 68 f., 71, 73 f., 76 ff., 81 f., 87 ff., 92 ff., 98, 101, 110, 118 f., 121, 128, 141 f., 147 f., 150, 153, 164 f., 169, 176, 183, 200
Schmetterlingsgefühl 38, 40 f., 143 f., 164
Schneeballeffekt 55
Schönberg, Arnold 128 f., 131
Schwankungen 100, 115, 205
Schweitzer, Albert 32, 154, 164 ff., 170 ff., 178
Seattle, Häuptling 178, 181 f.
Selbstähnlichkeit 162, 164
Selbstausbürgerung 134, 137, 140 ff., 147
Selbstorganisation 9, 93, 96 ff., 110 ff., 115 ff., 147 ff., 155, 157 ff., 167 ff., 172, 177, 182, 184 ff., 201, 206 ff.
Sklaverei 106 f.
Sonnensystem 48, 50 ff., 99, 126, 169
Spirituelles Defizit 181
Spitzensport 67
Steinbrech 29 f., 32 f., 39, 57, 74
Stimulierte Emission 103, 158
Studentenbewegungen 107
Sucht 141
Symbiose 167 f.
Synergetik 20, 208

Tao te King 39 f.
Terre des Hommes 114, 117
Testosteron 69, 71 f., 77
Thoreau, Henry David 106 f.
Titanic 83, 86 f., 138
Tod 159, 178
Topographie 154
Topologie 50, 187, 189, 194, 198, 200 f.

Totstellreflex 141
Triebbefriedigung 138

Übersee 143, 149
Umweltschutz 10, 94, 136 f.,
    172 ff., 178
Umweltzerstörung 28, 68, 173, 181
Ungehorsam, bürgerlicher/ziviler
    105 ff., 112, 150
Universität 17, 75 f., 81, 124, 149
UNO 111 f.
Urzeugung 160 f.

Variable, versteckte 36, 38
Verantwortung 77, 121, 133, 141 f.,
    147, 153, 171 ff.

Vietnamkrieg 85, 89, 93, 101,
    107 f.

Weizenbaum, Joseph 81 ff., 94,
    105, 119, 133 f., 141 f., 152
Wetterprognose/-vorhersage
    14 ff., 18 f., 33 f.
Wirth, Timothy 121, 123
Wunder 83 f., 87 f., 94, 118 ff., 156
Würfel 35 ff., 95
WWF 114

Zufall 35 ff., 75, 127, 185
Zweiter Hauptsatz der Thermody-
    namik 159, 176, 207

Quellennachweis

Antonovsky, A., *Gesundheitsforschung versus Krankheitsforschung;* aus: A. Franke/M. Bode (Hg.): «Psychosomatische Gesundheit», © dgvt-Verlag Tübingen, 1993

Briggs, John, Peat, F. David, *Die Entdeckung des Chaos* © 1990 Carl Hanser Verlag München Wien

Pool, Robert, *Evas Rippe* © 1995 Droemersche Verlagsanstalt München

Waggerl, Karl-Heinrich, *Heiteres Herbarium* © 1950 Otto Müller Verlag Salzburg

Weizenbaum, J., *Kurs auf den Eisberg* © 1984, pendo-Verlag 1984

Abbildungsverzeichnis

Argyris, John et al., *Die Erforschung des Chaos.* © 1994 Verlag Vieweg, Braunschweig/Wiesbaden, S. 188, 191, 192, 193, 196, 197

Brun, Ernst, *Ordnungshierarchien.* Physik-Institut der Universität Zürich, S. 209

Crutchfield, James, aus: *Spektrum der Wissenschaft.* Chaos und Fraktale, S. 203

Wir danken den genannten Rechtsinhabern für die Genehmigung zum Abdruck.

In den Fällen, in denen es nicht möglich war, die Rechtsnachfolger zu eruieren, konnte ausnahmsweise keine Genehmigung eingeholt werden. Honoraransprüche der Autoren oder deren Erben bleiben gewahrt.